追憶の秘境駅訪問記

秘境駅は滅ぶのか!?

秘境駅訪問家
牛山隆信

天夢人
Temjin

秘境駅 INDEX

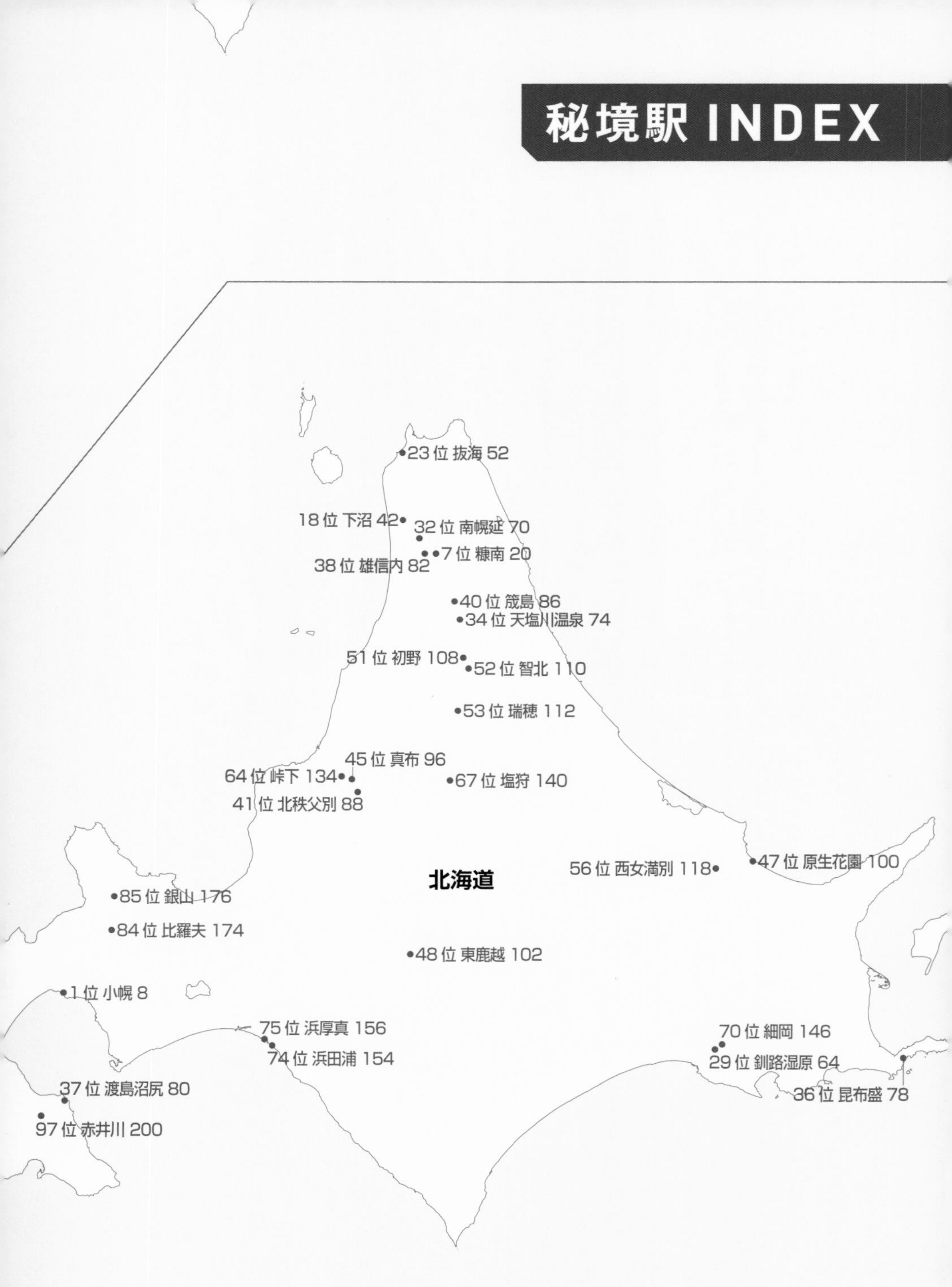

23位 抜海 52
18位 下沼 42
32位 南幌延 70
7位 糠南 20
38位 雄信内 82
40位 筬島 86
34位 天塩川温泉 74
51位 初野 108
52位 智北 110
53位 瑞穂 112
45位 真布 96
64位 峠下 134
67位 塩狩 140
41位 北秩父別 88
北海道
56位 西女満別 118
47位 原生花園 100
85位 銀山 176
84位 比羅夫 174
48位 東鹿越 102
1位 小幌 8
75位 浜厚真 156
74位 浜田浦 154
70位 細岡 146
29位 釧路湿原 64
36位 昆布盛 78
37位 渡島沼尻 80
97位 赤井川 200

青森県
79位 轟木 164
94位 毘沙門 194
86位 千曳 178
71位 津軽湯の沢 148
43位 有家 92
秋田県
88位 桂根 182
9位 白井海岸 24
42位 折渡 90
59位 松草 124
76位 平津戸 158
63位 一の渡 132
25位 女鹿 56
岩手県
78位 大滝 162
35位 上有住 76
山形県
宮城県
55位 面白山高原 116
54位 奥新川 114
57位 大沢 120
新潟県
58位 あぶくま 122
14位 峠 34
100位 会津水沼 206
99位 郷戸 204
65位 早戸 136
68位 小滝 142
44位 大川ダム公園 94
60位 足滝 126
82位 塔のへつり 170
16位 男鹿高原 38
92位 土合 190
福島県
83位 江田 172
群馬県
栃木県
長野県
50位 佐久広瀬 106
茨城県
埼玉県
山梨県
31位 川根小山 68
東京都
46位 アプトいちしろ 98
39位 閑蔵 84
神奈川県
千葉県
2位 尾盛 10
27位 奥大井湖上 60
69位 ひらんだ 144
15位 土本 36
33位 久我原 72
静岡県
93位 神尾 192

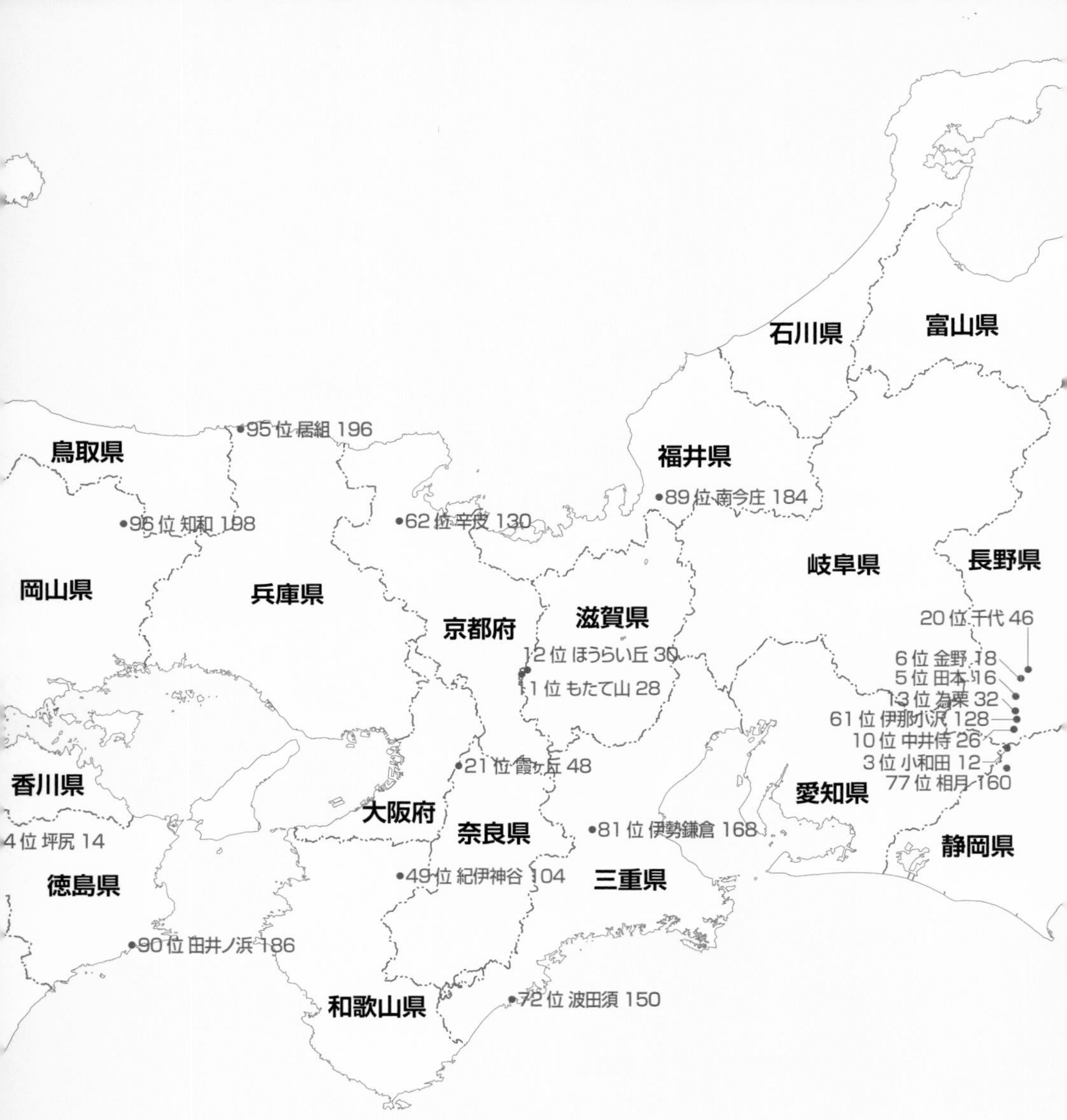

※本書では牛山隆信氏が改めてまとめた訪問記を掲載しています。初回訪問日を記載していますが、複数回訪れている駅もあり、掲載の写真・情報が初回訪問時のものとは限りません。また、訪問時の写真・情報を掲載しているため最新のものとは異なります。訪問時には本書掲載内容との移り変わりも含めお楽しみ下さい。

※乗降客数は国土交通省発表の国土数値情報 駅別乗降客数データ（2020年度）を参照しています。

98位 新郷 202
島根県
30位 道後山 66
19位 内名 44
24位 布原 54
山口県
広島県
福岡県
佐賀県
愛媛県
長崎県
大分県
8位 新改 22
熊本県
91位 赤瀬 188
高知県
26位 宗太郎 58
80位 瀬戸石 166
66位 海路 138
17位 大畑 40
22位 真幸 50
28位 矢岳 62
73位 表木山 152
鹿児島県
87位 青井岳 180
宮崎県

秘境駅とは？

冒頭からいきなりストレートな表現は避けたいが、「秘境駅」とは、地域の産業が廃れ、人々が去ったことで、なし崩しに生まれた鉄道駅の形態である。なぜこのようになってしまったのか、秘境駅というものを正しく知っていただくため、いささかくどいが説明させてほしい。まず、原因となるキーワードとして三つの言葉を並べる。「大都市への一極集中」、「少子高齢化」、そして「グローバル化の影響」だ。報道番組で繰り返し聞こえてくるおなじみの言葉だが、何十年経っても一向に収まる気配がない。いや、ここまで変わらないのは手遅れと言わざるを得ない。

私は東京都（八王子市）の出身だが、今は秘境駅に準ずるような田舎に暮らして20年が経った。だからこそ、双方を知る立場としてこの場を借りて書かせてほしい。都会にしか住んだ経験のない人には想像し難いかも知れないが、田舎で生活することは厳しい。ただ生活が不便という抽象的な言葉で片付けるような説明不足は不適切だ。永年にわたって農業など一次産業を生業にしてきた地域は他の産業が少ない。その農業も人口減少と食生活の変化でコメの消費量が減り、米価の下落を防ぐための減反政策によって半ば強制的に仕事を奪われている。他の作物も安価な輸入品との価格競争に晒され、十分な収益を得られる状況にはない。急病になっても病院は遠く、さらに産婦人科は壊滅的。子供を産んで育てる当たり前の生活さえも難しい。成長しても、学校は義務教育までしか受けられず、高校生になると遠距離通学するか、場合によっては親元を離れて寮生活を送るケースがほとんどだ。そのまま帰郷せずに進学もしくは就職するしか道はなく、大半の子供たちは生活の基盤を得るため故郷に戻って来ることはない。人口流出の原因がこのような末期的症状を抱え、高齢者だけが取り残された土地。これが自然豊かで美しい秘境駅が抱える真実である。

そんな秘境駅を１９９７年頃から訪ね歩き、99（平成11）年10月にＨＰ「秘境駅へ行こう！」を開設。日本全国だけでなく、韓国や台湾へも調査に出向き、独自の視点を基にランキング形式で２００駅近くを紹介してきた。しかしながら、当初は地域に住まわれている方々から多くの批判を受けてきた。都会人が観光地でもない田舎に大挙して押し寄せ、物見遊山《ものみゆさん》に耽《ふけ》っている。前説で述べた彼らの気持ちを汲めば怒りの矛先《ほこさき》を向ける気持ちも理解できよう。

もちろん私は、地元住民を侮蔑するつもりなど毛頭ない。駅の風情と雰囲気を味わいたく旅をしているだけだ。その魅力を広く世に伝えるべく、「秘境駅」という言葉を提唱しながら活動し、すでに四半世紀という長い年月を経た。書籍をはじめ写真集の出版、ビデオ映像の制作、タレントが活躍するＴＶ番組の放映。さらに現地では臨時列車を走らせ、一大イベントとして地域の活性化を目的とする自治体も続々と現れている。当初は「こんなに人が集まって何が秘境だ？」という皮肉に満ちた声も多かったが、時代の流れは思いもよらない変化球で我々を迎える。情報過多な現代社会に疲弊し、「何もない場所で心の安らぎを得たい」という新たな理解者たちが増えてきた。

こうして秘境駅への旅は新たな切り口で魅力を振りまきつつある。しかし、近年になり駅の維持管理費用を捻出することも難しくなった鉄道会社は、利用者の少ない秘境駅を毎年恒例のダイヤ改正の度に廃止している。なかには路線そのものが廃線になり、複数の駅が失われている。誠に残念なことだが、利用者がいなければ廃止されるのは運命だ。ただ秘境としての観光化を進めるだけでは未来が無いのは明白。だから消えゆく運命の駅へ旅する人々が、その魅力を存分に味わう文化を育てればいい。

決して大々的にはやらず、ひっそりと。そんな謙虚な姿勢で静かに過ごすことが、これからの旅人に求められている。

牛山隆信

1位

小《こ》幌《ぼろ》

北海道
JR室蘭本線

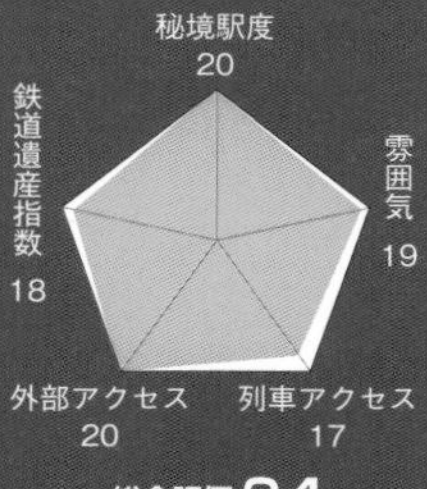

総合評価 94

秘境駅DATA

所在地／北海道豊浦町礼文華
開業年／1943（昭和18）年
乗降客数／不明

岩場に阻まれたキング・オブ・秘境駅！

極まれに乗降する釣り人に向けたステッカーが貼ってある

人を寄せ付けない孤高の駅と“小幌仙人”の思い出

ここは、車道はおろか歩道も存在しない究極の秘境駅だ。海岸までの急斜面を降りる道があるが、訪問時は深い雪で覆われ、歩ける状態ではなかった。撮影のために雪の中を歩き回り、待合室へ入ろうと近づくと煙突から煙が出ていた。人がいる。勇気を振りしぼって

2面2線の短いホームとひなびた待合室、保線用の機材保管庫などがあり、両側は長いトンネルに挟まれている

正面に「秘境」の小幌海岸を望む

豊浦町が観光振興の拠点として駅を維持管理している

誰も寄せ付けない神秘的な空間が広がっている

かつて“小幌仙人”の冬の住処になっていた小屋

声をかけると、中からホームレスと思わしき人が出てきた。少し話をさせてもらうと、人の良さそうな感じで「夏は海岸に降りて暮らしているが、冬は寒いのでここにいる」、さらに「鉄道会社の人がここにいていいと言った」と弁解するように話した。私をジャーナリストかと問うたので、個人の生活については聞かないと答えた。

ホーム上の気温はマイナス11℃にもなり、しばし佇んでいると突然トンネルの奥からドンッ！と鈍い音がして強風が吹いてきた。特急「スーパー北斗」が雪煙を上げながらすさまじい勢いで通過して行く。やがて、この駅に停まる最終の列車がやってきて乗り込んだ。

初回訪問　1999年12月12日

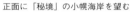

2位

尾盛《おもり》

静岡県
大井川鐵道 井川線

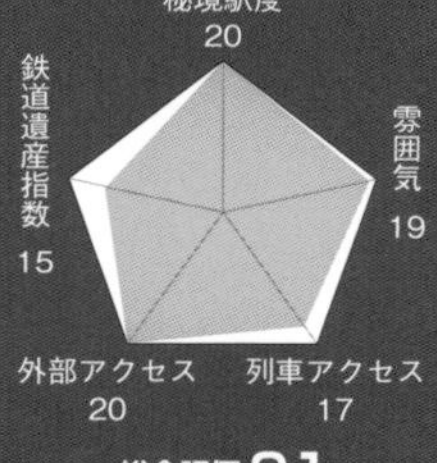

総合評価 **91**

秘境駅DATA

所在地／静岡県川根本町犬間
開業年／1959（昭和34）年
乗降客数／1日1人

誰もいない鬱蒼とした森林の駅

人家はもちろん、車道や歩道さえも存在しない

使われていない駅のホームで狸の置物が出迎えてくれた

ダム建設で繁栄した
昭和30年代の営みが残る

尾盛駅への到達は列車以外でほぼ不可能である。車道はおろか連絡する歩道さえも無いという凄まじさで、室蘭本線の小幌駅とほぼ同じ条件だ。

森林鉄道のような小さな列車から砂場のような低いホームに降り立つと、乗ってきた列車は寂しげ

現在使われているのは高さ10cm程度の低いホーム

苔が生えた釜戸や空き瓶が散乱していた

捨てられたトロッコの車輪が物悲しい

小屋に置かれていた駅ノート

保線器具置き場らしきプレハブ製の小屋

駅近辺で熊が出没したこともあり「熊出没注意」の看板を見かける

な汽笛を残し去っていった。鬱蒼《うっそう》とした森林の中、とても寂しい状況だ。しかし、誰からも束縛されず、人の視線も感じない。人間が動物としての営みを開始した瞬間だ。さあ周囲の探検を始めよう！

大自然の猛威に朽ち果てる廃屋。苔生《む》した釜戸の跡。そして無造作に割られた酒の空き瓶……。昭和30年代、ここは森林開発による伐採と奥泉発電所ダムの導水トンネル建設の現場だった。ここにも多くの労働者が住み、繁栄した歴史があったのだ。

やがて迎えの列車がやって来た。小さな列車だが、とてもたくましい存在だ。ホッとした安堵の息に包まれる。

初回訪問 2000年11月16日

3位

小《こ》和《わ》田《だ》

静岡県
ＪＲ飯田線

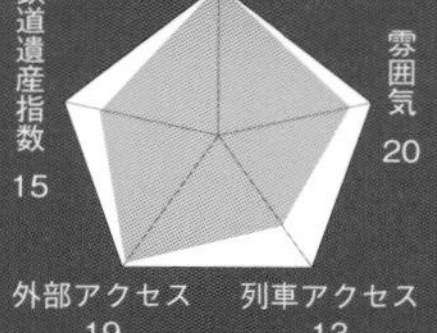

総合評価 90

秘境駅DATA

所在地／静岡県浜松市天竜区水窪町奥領家
開業年／1936（昭和11）年
乗降客数／1日5人

秘境駅訪問旅のスタートライン！

築80年を超える味わい深い木造駅舎

かつてここで行われた結婚式の写真が飾ってある

雅子様ご成婚ブームに賑わった過去も遠い昔

ここは私にとって思い出深い駅だ。それまで全国の林道をオフロードバイクで野宿をしながら走破してきたが、ある時期、鉄道旅の面白さに目覚める。ＪＲ全線乗りつぶしという目標こそできたが、何か物足りないものを感じていた頃、小和田駅で駅寝をしたのだっ

天竜川がゆったりと流れる
のどかな雰囲気

レトロな駅名標。良い味を出している

中部３県の県境に近い山間部にある

駅周辺にミゼットの廃車が転がっていた

た。最終列車で降り立ち、テールランプを見送る瞬間。誰からも邪魔されない自由な空間。満天の星空に虫の声だけが響く。その時、全国に散らばる秘境駅を全て訪問しようと決心した。前置きが長くなったが、小和田駅を初めて訪れた時は、単に一夜の宿を求めての半ば不純な動機であった。駅の周囲に人家や集落は無く、線路の両側は長いトンネルに挟まれており、辺りは鬱蒼とした深山幽谷である。

過去には小和田雅子様と漢字が同じ（読みは異なる）なため、通勤ラッシュのように混雑したこともあったが、その賑わいも今は何処に？　過去の喧騒はとうに去り、元の静寂を取り戻していたのである。

初回訪問　１９９９年10月５日

4位

坪尻《つぼじり》

徳島県
JR土讃線

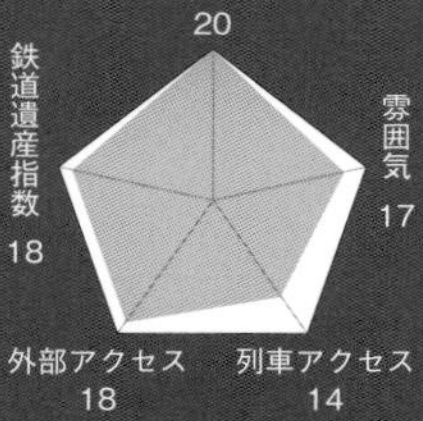

総合評価 **87**

秘境駅DATA
所在地／徳島県三好市池田町西山
開業年／1950（昭和25）年
乗降客数／1日2人

薄暗い谷底のスイッチバック駅

黄昏れた雰囲気が旅情を盛り上げる、山の中のスイッチバック駅

向かいの林には朽ち果てた廃屋や打ち捨てられたトライアルバイクが姿を晒す

むせかえるような大自然に古い駅舎が凛として佇む

香川・徳島県境に位置する猪ノ《いの》鼻《はな》峠のトンネルを抜けた途端、薄暗い谷底にスイッチバックが現れる。左は渓谷、右下には木造駅舎が見える。いったん引込み線に入った列車は、バック運転でそろりそろりと草生《む》したホームへ入った。列車を降りれば、藪だらけの広場に

谷底の駅。駅前は藪だらけの広場が広がる

ホームの先にある車止め。延々と続いた線路の終わりだ

駅は引き込み線を備えたスイッチバックの構造を持つ

ここに停車する列車は来た時とは違い、逆方向に発車する

改札口をくぐる時「おつかれさまでした」の素朴な文字に癒される

もともと川底だったことからマムシが多く生息している

思わず言葉を失ってしまった。人家も車道もなく、細々と延びる山道が続いているだけ。

この駅は1929（昭和4）年に列車交換のための信号場として開設された。50（昭和25）年に駅に昇格するが、70（昭和45）年には早くも無人化された。線路の向かいの林には、商店の残骸が無残な姿を晒している。

ひとしきり周囲の探検を終え待合室に戻る。シーンと静まり返った空気のなか、突如レールとエンジン音とともに特急列車が猛スピードで通過して行った。何でこんな所にいるんだ？ と思われても構わない。ここは大自然の真っ只中、自由な空気に満たされている。

初回訪問 2000年3月18日

5位

田《た》本《もと》

長野県
JR飯田線

断崖絶壁に貼り付いた駅

狭い所は人一人がようやく歩けるほどの幅しかない

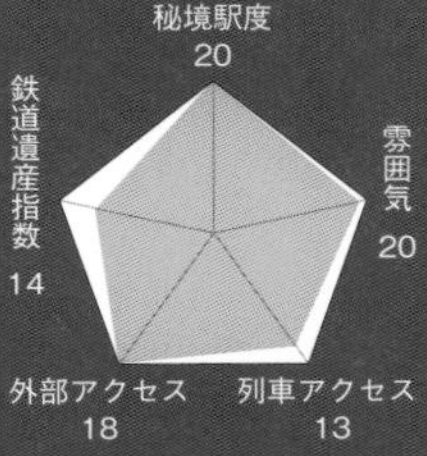

総合評価 85

秘境駅DATA

所在地／長野県泰阜村田本
開業年／1935（昭和10）年
乗降客数／1日2人

ハイキング気分で探検できる天竜川沿いの秘境駅

ここは断崖絶壁に貼り付いた駅だ。天竜川によって形成された深い峡谷に沿って建設された飯田線の田本駅は、コンクリートで固められた巨大な擁壁に挟まれた狭い空間にホームがある。人家が建つスペースなど一切存在しない凄まじい立地条件だ。期待に胸を膨らませ、

今にも落ちてきそうな岩塊が迫るスリリングな駅だ

絶壁に申し訳程度のホームを貼り付けたような駅の全景

田本駅への歩道入り口。ここから10分ほど急坂を下る

小休止には十分なホーム上の待合室

誰もいないホームに降りる。さあハイキング気分で探検しよう！

眼下に流れる天竜川へ向って歩いて行くと吊り橋が架かっている。フラフラと小刻みに揺れながら中央部で立ち止まると、そこには絶景が広がっていた！　この流れは150㎞もの旅路を経て、太平洋に注いでいくのだ。旅の速度もこれくらいが一番心地いいのかも知れない。

急坂に息を弾ませながら駅へ戻る。ホーム上の小さな待合所は、扉の無い吹きさらしのタイプで雨宿りができる程度の簡素なものだが、小一時間の休憩には十分だ。やがてトンネルの中から一筋の光が見える。お迎えの列車がやって来たのだ。

初回訪問　1999年9月29日

6位

金《きん》野《の》

長野県
JR飯田線

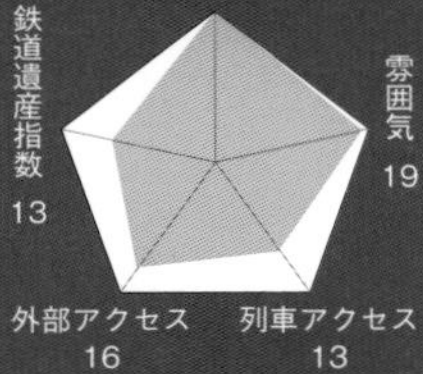

総合評価80

秘境駅DATA

所在地／長野県飯田市千栄
開業年／1932（昭和7）年
乗降客数／1日1人

人家が無い山間に佇む駅

普通電車がやって来たがあっさり通過した

険しい地形によって
集落から外れてしまった駅

この駅は1932（昭和7）10月30日、三信鉄道の停留場として開業した。その後、三信鉄道は国鉄に買収され43（昭和18）年に駅へと昇格。周囲も駅と共に発展してきたと思いきや、実情は違った。周囲に人家が全くない深い山間。ここから最も近い集落は、2㎞近く

駅は緩やかなS字カーブに沿ってつくられている

駅前は誰も利用しない自転車置き場があるだけ

離れた泰阜《やすおか》村金野地区である。それでも当時は大層な賑わいをみせていたが、現在は、錆ついた自転車置き場に数台の屍が放置されているだけ。人通りを失った寂しさは、じっと見るに堪えない。

　線路の向かいは急峻な岩場で落石防護壁に囲われており、眼下に見る天竜川の複雑な渓谷の流れに沿って線路もクネクネと曲げられている。本来であれば集落の多い地域へ線路を通したかったが、この川によってつくられた複雑な地形に阻まれ、かように辺鄙な地へ駅ができてしまった。秘境駅ができあがる過程には様々な事情が隠されている。

初回訪問　1999年10月6日

7位

糠南《ぬかなん》

北海道
JR宗谷本線

駅の周囲は広大な牧草地

ホームは板切れの簡素なものだ

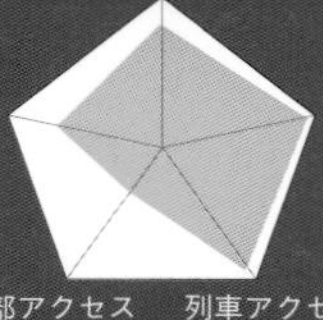

総合評価 72

秘境駅DATA

所在地／北海道幌延町字問寒別
開業年／1955（昭和30）年
乗降客数／不明

ポツンと置かれたスチール製の物置待合室

最北へ真っ直ぐ向かう宗谷本線。緑鮮やかな牧草地の中、板張りのホームの上にはスチール製の物置が乗っている。実はそれが待合室なのだが、一人入れば満員という狭さ。おまけ程度の小窓から差し込む光だけでは薄暗いうえ、隙間だらけの床板からは、原野を吹

周囲は北の大地を象徴するような牧草地が広がる

牧場の中にポツンと寂しく簡素な駅がある

ホームに置かれた物置が待合室

かつての隣駅は上雄信内だった

長らく待った列車がやってきた

き抜ける風がピューピューと音を立てて入り込む。反面、恐らく夏は地獄の暑さとなるに違いない。

　そんな小さな駅が開業したのは１９５５（昭和30）年12月２日。道北の厳しい寒さのなか、「糠南仮乗降場」として始まった。やがて時は流れ、ＪＲに移行した87（昭和62）年４月１日に晴れて駅へ昇格。だが、すでに周囲は著しい過疎化が進んでいた。停車する列車は下りが３本、上りは２本だけ。列車での訪問はプラン作成の段階から悩ましいが、隣の問寒別《といかんべつ》駅から２㎞余りなので片道を歩いて訪問すると良い。運動不足の解消にも〝駅間歩き〟は最高の手段になるのだ。

初回訪問　１９９９年12月10日

8位

新《しん》改《がい》

高知県
JR土讃線

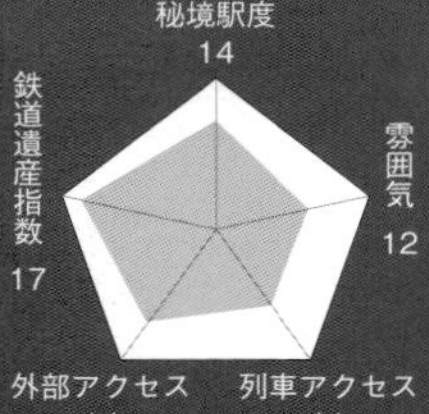

総合評価 68

秘境駅DATA

所在地／高知県香美市土佐山田町東川
開業年／1947（昭和22）年
乗降客数／1日0人

四国にあるもう一つのスイッチバック駅

駅前には廃屋となった商店があった

急峻な山地にある スイッチバック駅の情景

同じ土讃線にある坪尻駅と並び、四国山地に存在するもう一つのスイッチバック駅がこの新改だ。周囲を鬱蒼とした山々に囲まれ、人家はたった2軒だけ。かつてきっぷを販売していた駅前の商店が廃屋となり、不気味な佇まいを見せている。ホームの先は藪だらけで、そ

駅舎は資材倉庫も兼ねているらしく立派できれい

南国高知の山奥に潜むスイッチバック駅

待合室に扉は無く、駅寝にはちょっと向かない

ホームの先は藪だらけで、線路の果てが唐突に終わりを告げる

こでは線路の果てが唐突に終わりを告げる。この駅には縁の無い特急列車の通過音が時折山々に木霊《こだま》するだけで、いたって静かな環境にある駅だ。

利用者は駅から１kmほど急坂を下った平山地区の通学生とお年寄りだけである。駅まで車道こそ通じてはいるが、集落と連絡するバスは無く、延々と急坂を登るしかない。そんな不便な地域ではあるが、鉄道が唯一の交通手段のため、人々の駅に対する愛情は強く、いつもきれいに清掃されている。帰りの列車を降りるとき、駅は利用者一人ひとりに「お疲れ様でした」と話しかけているかのようだ。

初回訪問　２０００年３月18日

9位

白《しら》井《い》海《かい》岸《がん》

岩手県
三陸鉄道 リアス線

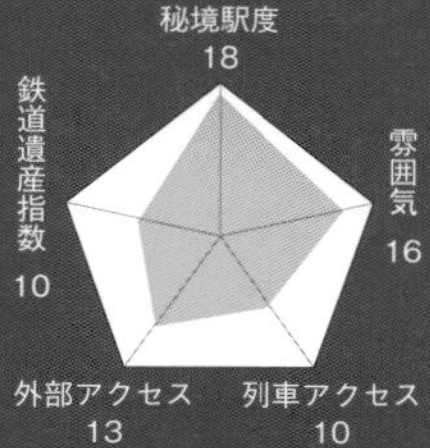

総合評価 67

秘境駅DATA

所在地／岩手県普代村
開業年／1984（昭和59）年
乗降客数／1日1人

大津波の悲劇から復活！

東日本大震災による津波被害でしばらく運休していたが2012年に運行再開した

ちょっと不気味な「ウニの香り」を放つ駅

複雑な地形で知られるリアス式の三陸海岸。急峻な入り江の奥、両脇をトンネルに挟まれた鉄橋におまけのように小さなホームが貼り付いている。ここは第3セクター鉄道の三陸鉄道リアス線にある「白井海岸」という小さな駅。周囲に人家は無く、狭く曲がりくねっ

トンネルに挟まれた小さな駅は、海岸レジャーの駅で生活感には乏しい

改札や待合室もない簡素なつくり。電話ボックスはあるが電話機は撤去されている

ホーム上は屋根付きのプラベンチが置かれているだけ

駅の愛称は「ウニの香り」。ドラマ「あまちゃん」のロケ地にもなった

た車道が一方は海岸方面、もう一方は林の中へと消えている。辺りは不気味なほど静まり返っている。

　駅名標には「ウニの香り」と記されていて、ここが豊富な海産資源に恵まれていることを予感させた。もちろん密漁をする気は無いが、好奇心を抱きながら海岸まで歩いて行くことにする。鬱蒼と生い茂った林の道は薄暗く、ところどころに漁具の残骸が散乱している。やがて小さな漁港の前にたどり着き、眼前に青い海が広がった。けれども、そこは誰一人いない。密漁者に間違われることはなかったが、波の音に「近寄るんじゃない」と脅されているような気がした……。

初回訪問　2001年8月13日

10位

中《なか》井《い》侍《さむらい》

長野県
JR飯田線

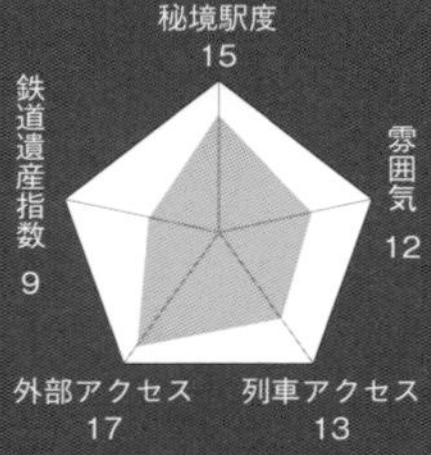

秘境駅DATA

所在地／長野県天龍村平岡
開業年／1936（昭和11）年
乗降客数／1日2人

信州最南端の崖っぷち駅

人家が2軒だけの崖っぷちの駅
（写真／編集部）

目もくらむほどの急傾斜地に佇む駅

ここは長野県の最南端に位置する辺境の地。駅の両側をトンネルに挟まれた急傾斜地にあり、人家はわずか2軒しか存在しない。外界から続く車道は限界的に狭く、仰《の》け反《ぞ》りそうな急坂はおびただしく屈曲する。場所によってはスイッチバックを余儀なくされ、軽自動

駅からの道は狭い急勾配の道が続く

飯田線という一筋の路線で繋がる秘境駅の数々

車以外での到達は物理的にも不可能だ。

　県内でもとりわけ気候が温暖である一方、地形の厳しさから一般の作物は栽培に適さないため、眼下には茶畑が広がっている。さらに天竜川から立ち昇る川霧が茶葉の生育において絶好な環境を供することもあり、香り高く良質な「中井侍銘茶（やぶきた茶）」は高級ブランドとして知られている。

　もはや居住には絶望的と思えてしまいそうな土地だが、この場所にしかない価値あるものを生み出したことに、人々の努力と苦労がしのばれる。変わり過ぎてしまった現代社会において、昔の生活の一端が感じられる貴重な存在といえよう。

初回訪問　2000年1月13日

11位

もたて山《やま》

滋賀県
比叡山鉄道 坂本ケーブル

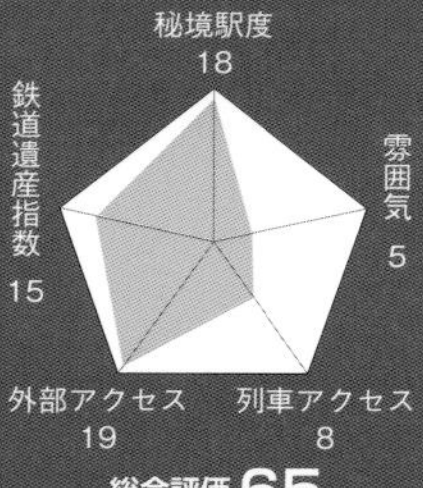

総合評価 **65**

秘境駅DATA

所在地／滋賀県大津市坂本本町
開業年／1949（昭和24）年
乗降客数／1日0人

333‰の急勾配にある秘境駅

駅名標にも案内されている紀貫之の墓はここから山道を歩いて10分ほど

全長2025m 日本最長のケーブルカー駅

比叡山の坂本ケーブルの中間駅で、上下列車の交換地点よりも山上側にある。駅は333‰《パーミル》の勾配上にあるが、ホームは板切れの簡素なもので階段状になっておらず、板に滑り止めの横材が打ち付けられているだけだ。そのため、雨天ならともかく、降雪時などは

333‰の急勾配上にあるもたて山駅

スギやヒノキの針葉樹林に囲まれ秘境感が漂う

ホームは簡素だが屋根とベンチが
設置されていて嬉しい

転倒する危険性があり、十分に注意する必要がある。ホームには場当たり的に思える小さな屋根とベンチが設置されていて、束の間の休憩にはありがたい。

駅の周囲は鬱蒼とした森林で、もちろん人家は一軒も存在せず、そこに続く車道もない。山上の延暦寺と麓の坂本とを結ぶハイキングコースが続いているだけだが、麓の「ケーブル坂本駅」までの距離はケーブルカーの２km弱に対して大きく迂回しており、なんと４km近くも足元の悪い山道を歩かされる。

近くには紀貫之の墓があり、さらに琵琶湖を一望できる展望所もあるので、名所旧跡をたどりながら散策するのもいいだろう。

初回訪問　２００８年５月23日

12位

ほうらい丘《おか》

滋賀県
比叡山鉄道　坂本ケーブル

総合評価 64

秘境駅DATA

所在地／滋賀県大津市坂本本町
開業年／1984（昭和59）年
乗降客数／1日0人

珍しいケーブルカーの中間駅

駅名標には霊窟の案内も記されている

厳かな雰囲気に包まれた山の中のケーブル駅

ケーブルカーは、1本の長いケーブルの両端に車両が繋がる釣《つる》瓶《べ》のような仕組みで、路線のちょうど真ん中にある交換設備で上下列車の行き違いを行っている。比叡山鉄道坂本ケーブルの特異な点は、交換設備を挟んで中間駅が存在することだ。上方にもたて山駅、

ケーブルカーの特性により、もう一つの中間駅もたて山に停車する時にはここにも必ず停車する

「緑」「福」と名付けられたヨーロピアン調の車両

ホームは簡素なアスファルト舗装

下方にほうらい丘駅がある。このほうらい丘駅は、先に紹介したもたて山駅に停車した時、反対側の列車が無意味に止まっていた場所につくられたものだ。

駅の脇には霊窟の石仏（蓬莱丘地蔵尊）がある。織田信長の比叡山焼き討ちの際、犠牲になった多くの人々の霊を慰めるため、土地の人々が石仏を刻み、死者の冥福を祈ったものと伝えられる。

都心部から1時間ほどで行ける観光路線の秘境駅だが、両駅とも乗降には事前申告（乗車の場合はホーム上のインターホンから連絡）が必要なので注意しよう。

初回訪問　2008年5月23日

13位

為《して》栗《ぐり》

長野県
JR飯田線

総合評価 63

秘境駅DATA

所在地／長野県天龍村平岡
開業年／1936（昭和11）年
乗降客数／1日2人

秘境駅には貴重な開放的な雰囲気

秘境路線・飯田線を代表する難読駅としても知られる

天竜川の名勝「信濃恋し」を望む

全国有数の難読駅として知られており、駅名は「してぐり」と読む。駅前には川幅の広がった天竜川を望み、対岸への車道へと続く吊り橋との組み合わせが印象的だ。周囲には人家が2軒だけ。以前は川岸に沿って集落が点在していたが、下流にある平岡ダムの工事

2010年より飯田線の秘境駅に停まる観光列車が季節運行されている

一般道へは吊り橋「天竜橋」を渡ってアクセスする

ヘッドマークを掲げた「魅惑の飯田線 秘境駅号」

待合所は吹きさらしのタイプでつくり付けの椅子がある

によって水位が上昇したため、大半の人家が水没してしまった。この急峻な地形によって人々の往来が妨げられてきたが、時代から取り残されたような情景は、昭和の面影を色濃く残すものである。

その昔、大きく蛇行しながらゆったりと流れる天竜川は、舟が主な交通手段であった。ここは、天竜川を信州（長野県）から遠州（静岡県）へ向かう舟の舳先《へさき》が、急流とぶつかり逆に向くことから、信州を振り返るような姿を指して「信濃恋し」と呼ばれた名勝である。今ほどに先を急がない時代だったからこそ生まれた名言であろう。時の流れに思いを馳せながら、ノンビリと過ごしてみたい。

初回訪問　2000年1月13日

14位

峠《とうげ》

山形県
JR奥羽本線

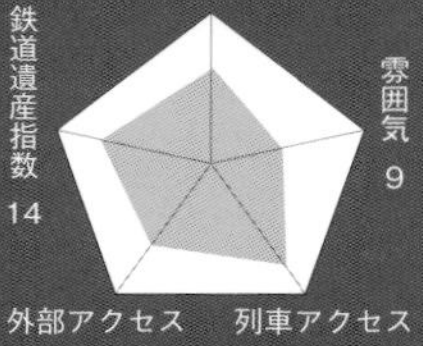

総合評価 62

秘境駅DATA

所在地／山形県米沢市大沢字峠
開業年／1899（明治32）年
乗降客数／不明

スノーシェルターで覆われた駅

スノーシェルターに覆われた独特な雰囲気のホーム

全長200mにもなる巨大なシェルター

駅の名物は立ち売りの「峠の力餅」

ここは奥羽本線で最高所の626mに位置し、その名も「峠」という駅である。開業は1899（明治32）年5月15日で、当初は信号所として設置されたが、同年8月1日には早くも駅となった。1949（昭和24）年に直流1500Vに電化され、後に交流

峠の秘境駅を山形新幹線が通過する不思議な光景

120年以上、峠駅の立ち売りを続けている「峠の力餅」の「峠の茶屋」

スイッチバックの遺構に旧線のホームを発見

まさしく“峠”の代名詞のような駅である

2000Vへの変遷をたどるが、最終的なスイッチバックの廃止は、90（平成2）年9月1日に標準軌化による山形新幹線の開業を待たねばならなかった。

駅は豪雪から守るためのスノーシェルターで覆われた独特の雰囲気。周囲は人家が2軒だけで、外界からのアクセスも急勾配の屈曲した山道しか通じていない。それでも鉄道の一大難所としての歴史はゆうに100年を越える。駅前の「峠の茶屋」が製造する「峠の力餅」は駅の名物で、今でも普通列車の停車時に立ち売りしている。ただし停車時間は30秒しかないため、あらかじめ千円札を用意し手早く購入しよう。

初回訪問　2004年7月

15位

土本《どもと》

静岡県
大井川鐵道 井川線

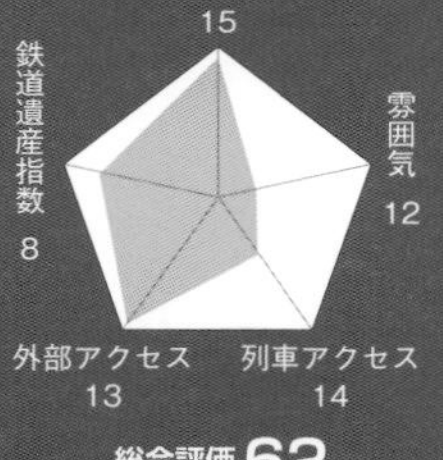

総合評価 62

秘境駅DATA

所在地／静岡県川根本町奥泉字土本
開業年／1959（昭和34）年
乗降客数／1日1人

深い山中にある駅の謎

簡素なホームに大きな文字の駅名標が立つ

陸の孤島につくられた一族専用の駅

山間の集落に、ひっそりと小さな駅が佇む。線路の脇に低いホームと待合所が設けられただけの簡素なものだが、この地に住む人にとっては重要な交通手段だ。ここに鉄道以外の手段でたどり着くのは相当困難で、現在でも屈曲した山道を延々と走らなければならな

低いホームと待合所が設けられただけの小さな駅

鬱蒼とした林の際に、か細い線路と低いホームが佇む。まるで鉄道模型のようだ

古くて簡素な待合所が晩秋の雨に濡れている

い。これだけ開発の進んだ国にこのような場所があることに不思議さを覚えるが、さらに驚く事実がある。なんと昭和の終わり頃までこの険しい車道さえも通じておらず、井川線だけが唯一の交通手段という、まさに陸の孤島だったのだ。その昔、夜間に急患が出た時には、医者が懐中電灯1本で、隣の沢間駅から線路を歩いてきたという逸話があるほど凄まじい場所だ。

大井川とその支流の寸又川との三角地帯に堆積した土を意味する「土本」。周囲にある人家はわずか4軒で、そのうち3軒が土本姓であることから駅名となる。これが彼ら一族の専用駅であり、今も静かに歴史を刻み続けている。

初回訪問　2000年11月15・16日

16位

男《お》鹿《じか》高《こう》原《げん》

栃木県
野岩鉄道 会津鬼怒川線

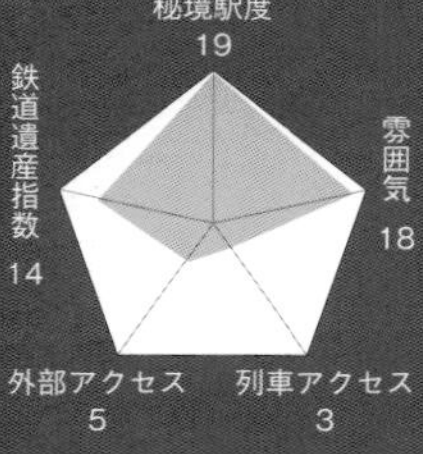

総合評価 **59**

秘境駅DATA

所在地／栃木県日光市横川
開業年／1986（昭和61）年
乗降客数／1日1人

浅草から直行できる秘境駅とは？

駅名標の下にある看板は会津地方（福島県）の銘酒だが、ここはまだ栃木県

人家も無い森の中
周囲にあるのはヘリポートだけ

会津地方に住む人々にとって永年の念願だった、首都圏へ直通する鉄道は、1986（昭和61）年10月9日、東武鉄道とつながるかたちで野岩鉄道と旧国鉄・会津線を転換した会津鉄道の開業によって全通した。

この男鹿高原駅も路線の開通に

1面1線のホームはおよそ人気というものを感じない

深い森に覆われた秘境の地になぜかひっそり駅がある

なぜここにヘリポートがあるのか謎である

駅の周囲は深い緑で遮られているが微かにせせらぎの音がする

大自然のロケーションにはあまり似つかわしくない、地下鉄の駅を思わせる入り口

合わせて設置されたが、なぜ人家が1軒もない深い森の中につくってしまったのか？　列車を交換する設備もなく、どうにも理解しがたい。また、列車以外の手段で到達するには、国道121号線から狭い車道を600mほど入る。その途中に突然現れるのは「男鹿高原駅前広場緊急ヘリポート」。全国に1万駅近くを数える駅の中で、おそらくヘリポートがある駅はここだけであろう。しかし駅を通り過ぎたその先は通行止めで、行き場の無いやるせなさすら漂う。だが、この手つかずの大自然こそが、この駅の素晴らしさだ。緑の匂い、清流のせせらぎ、その全てが全身を包み込む。余計なものは何もいらない。これこそが秘境駅の醍醐味だ。

初回訪問　2001年6月30日

17位

大《お》畑《こば》

熊本県
JR肥薩線

日本で唯一、ループ線の中にスイッチバック！

SL時代の鉄道遺構も数多い

　ここは日本で唯一、ループ線の中にあるスイッチバック駅として知られる。開業は１９０２（明治42）年12月26日。当時の主要幹線だった鹿児島本線の駅として建設された。なぜこのような複雑な線形になったのか？　それは、急坂を登る非力なＳＬを運行させるため。

SL時代、運転士や助手が煤煙で真っ黒になった顔を洗った湧水盆

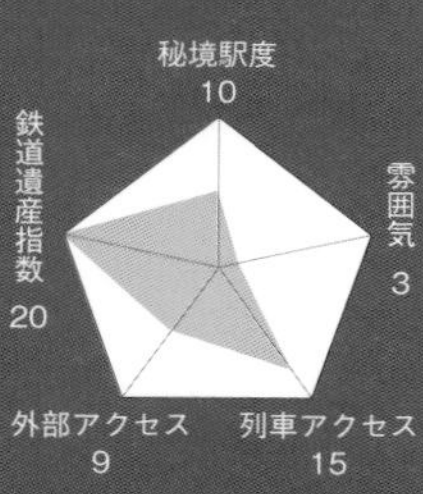

総合評価 57

秘境駅DATA

所在地／熊本県人吉市大野町
開業年／1909（明治42）年
乗降客数／運休中

日本で唯一、ループ線の中にスイッチバックを併せ持つ

旧保線詰所は2018年にレストラン（現在休業中）にリノベーションされた（写真は2008年撮影）

明治42年の開業当時からの木造駅舎が今も健在

名刺を貼ると出世するといわれ、駅舎には大量の名刺が貼られていた

SLの信号所と給水所としての役割が大きかった

勾配をゆるやかにする必要があったが、当時の技術では長いトンネルを建設することができなかったので、山の形を崩すことなく、自然と共存するような線形になった。それだけに素晴らしい車窓が望めるのだ。

駅は〝高原に拓《ひら》かれた大地〟のような地形にあり、乗降客の利便性よりも列車の運行上の重要拠点だったことがわかる。開業当時からの古い木造駅舎は健在。ホームの上には、煤煙で真っ黒になった顔を洗うための湧水盆、SLの運行に欠かせない給水塔など、数々の鉄道遺構が残っている。ここは険しい峠越えに挑んだ列車や鉄道員たちの足跡をたどることができる場所なのだ。

初回訪問　2000年5月9日

※2008年撮影。大畑駅は「令和2年7月豪雨」による被災のため運休中。

18位

下沼《しもぬま》

北海道
JR宗谷本線

特急停車駅に挟まれた秘境駅

痛んだ塗装が厳しい自然を物語る

町外れに佇む忘れ去られた駅

この下沼駅は両隣を特急が停車する幌延《ほろのべ》駅と豊富《とよとみ》駅に挟まれ、お互いの町外れに忘れ去られたように佇んでいる。それだけに人家は少なく、寺（法昌寺）のほかは3軒しかない。寺にとっても檀家が少なすぎて成り立たないのでは？と余計な心配さえしてしまう。周辺

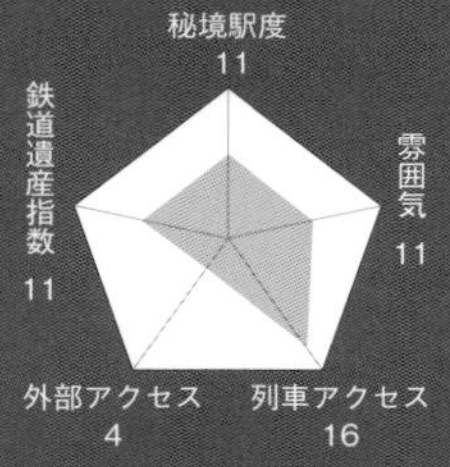

総合評価 53

秘境駅DATA

所在地／北海道幌延町字下沼
開業年／1926（大正15）年
乗降客数／不明

雪原と化した駅前通り。かつて並んでいた人家は幻になった

誰も来ない駅のホーム。ここの新雪は私がもらった！

新雪を吹き上げて力強く進むラッセル車

雪に埋もれそうな貨車待合室が凍えながら建っていた

一帯は牧草地と原野だが、歩いて10分ほどの所に名山台展望台があり、利尻富士・日本海・サロベツ原野が一望できる。

駅の構造は1面1線の片側ホームで、待合室は貨車（車掌車）をリサイクルしたものだ。そんな下沼駅にも、以前は南下沼駅という子分がいた。簡素な板張りホームと狭い待合室を持ち、牧場が2軒だけの秘境駅だったが、残念ながら2006（平成18）年3月18日のダイヤ改正にて廃止され、現在は跡形も無く原野に還ってしまった。このままでは近い将来、本家も同じ道をたどるのか？　こうした駅ばかり巡っていると、土地の最期を見届ける〝送り人〟のような気分になってくる。

初回訪問　2009年1月19日

19位

内《うち》名《な》

広島県
JR芸備線

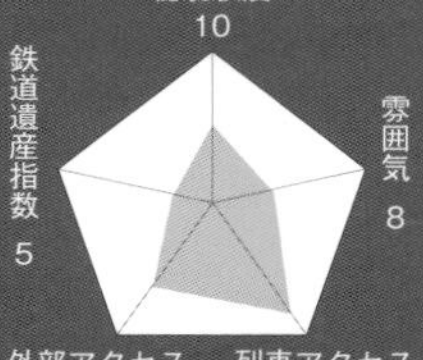

総合評価 52

秘境駅DATA

所在地／広島県庄原市東城町竹森
開業年／1955（昭和30）年
乗降客数／1日2人

都会の喧騒とは無縁の世界

寂しげな駅名標に鮮やかな花が添えられた

到達困難な駅は自然の音が心地いい

この駅へやって来る列車は1日3往復だけ。中国山地の山奥にあるため車道は狭く、鉄道以外でも到達は困難だ。開業は1955（昭和30）年7月20日。不便な地域の交通手段として、請願によってつくられたものと思われる。

駅前には農家が1軒だけある

集落から遠く離れたこの駅は、林の中に隠れるように潜んでいた

川向こうには10軒ほどの小さな集落がある

ホームは意外に長いが停車する列車はキハ120の単行だけ

駅前を流れる清流に自然のありがたさを想う

屋根が異様に大きいちょっと不気味なトイレ

が、10軒ほどの小さな集落は川を挟んだ対岸。ホームの背後は竹林が視界を遮り、一層孤立感を漂わせている。聞こえてくるのは川のせせらぎ、小鳥の鳴き声、木々のざわめき……。都会の喧騒とは無縁の世界だ。

そんなのどかな昼下がり、森林鉄道と見間違うほどの峡谷を抜け、たった1両の列車がやって来た。誰も降りず、誰も乗らない。すぐにドアは閉まり、エンジンを高鳴らせて去って行く。本当にこのままで良いのか？ 残念ながらローカル線の将来は明るくない。しかし、秘境駅訪問者だけはここへ降りる本当の価値を知っている。

初回訪問 2000年3月17日

20位

千《ち》代《よ》

長野県
JR飯田線

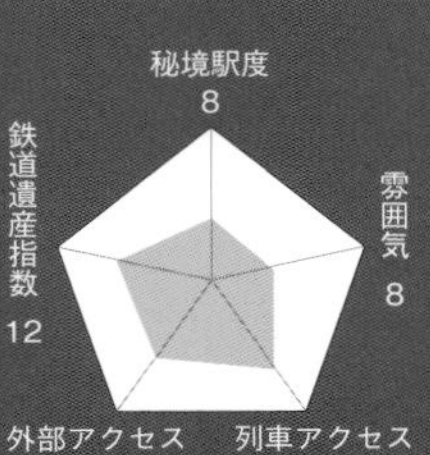

総合評価 52

秘境駅DATA

所在地／長野県飯田市千栄
開業年／1932（昭和7）年
乗降客数／1日2人

可愛い名の駅が高度成長を陰で支えた

待合所は吹きさらしだが、暖かなお昼の一時を過ごすには十分だ　（PIXTA）

砂利取り線の遺構が残された駅

ここは天竜川の辺りにある「ちよ」という可愛らしい名前の駅。とりたてるほどの見所は無いが、時折通り過ぎて行く川下り船が自然豊かな地域の観光資源になっている。人家はわずかに1軒、演歌が響き渡るホームは庭先にあり、花が植えられとても美しい。

駅前に自転車置き場には、オートバイ1台と壊れた自転車が2台あるだけ

駅前には人家が1軒だけ。家から演歌が流れるゆるやかな午後

「千代」という縁起の良い名とあって、小和田雅子様ご成婚ブームの際には小和田駅からここまでの乗車券が発売された

その昔、ここは天竜川で砂利の採取と積み込みを行っていた貨物駅として知られ、その遺構が現在も残っている。川面から索道を使って砂利を引き上げ、本線トンネル脇にあるホッパーから無蓋《むがい》貨車へ積み込んで輸送していた。その歴史は1953（昭和28）年から66（同41）年というから、まさに日本の高度経済成長を陰で支えた存在であったに違いない。当時の賑わいを知る由もないが、豊かで輝かしい将来に日々生活の向上を実感しながら、皆が上を向いていたはずだ。近年の閉塞感を、せめて先人の元気と活力を感じながら、自らの勇気へ変えたいと思う今日この頃である。

初回訪問　2001年5月5日

21位

霞《かすみ》ケ《が》丘《おか》

奈良県
近畿日本鉄道 生駒ケーブル

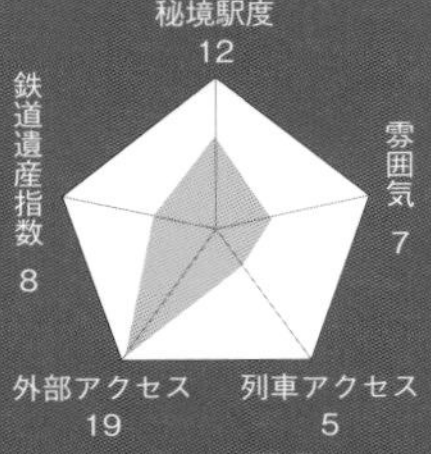

総合評価 51

秘境駅DATA

所在地／奈良県生駒市菜畑町
開業年／1929（昭和4）年
乗降客数／1日0人

大都市近郊の変わり種秘境駅

ケーブルカーの特性で存在する〝おまけ〟駅

大阪府と奈良県の県境に位置する標高642mの生駒山。山上には生駒山上遊園地が開設され、休日になると多くの行楽客で賑わう。

生駒ケーブルは1918（大正7）年に日本で最初に開業した旅客ケーブルカーとして知られる。

これでもかと注意書きの看板が並ぶ踏切

駅前はハイキングコースの案内板しか見当たらない

踏切を渡る時は足元のワイヤーを引っ掛けないよう注意して跨ごう

階段状のホームが急斜面にへばりついている

隣の梅屋敷には人家があるが、ここはすでに林の中

ここは下方の梅屋敷と並んで2つある中間駅の一つで、駅前は鬱蒼とした山林で人家は無く、藪の中にハイキングコースだけが通じているだけだ。大都市近郊とはいえ無人地帯であるため、自販機やトイレはおろか駅舎すら無く、ケーブルカー特有の階段状のホームが急斜面にへばりついているに過ぎない。

線路の反対側は生駒山上と宝山寺を結ぶハイキングコースで、時折行楽客の姿を見る。だが、駅の利用者は皆無に等しく、交走式ケーブルカーの特性により、下方の梅屋敷駅と同時に停車する〝おまけ〟のような存在である。それだけに目立たないが、私のような酔狂な秘境駅マニアにとっては、これがとても魅力的に映るのだ。

初回訪問　2010年5月4日

22位

真幸《まさき》

宮崎県
JR肥薩線

真の幸せを願う鐘の音

幸せの鐘と駅名標は真幸駅における定番カットだ

総合評価 50

秘境駅DATA

所在地／宮崎県えびの市内堅
開業年／1911（明治44）年
乗降客数／運休中

悲しい歴史を乗り越えてきた駅

この真幸駅は周囲に人家が一軒も無く、1911（明治44）年に開業以来の古い木造駅舎が建っているだけだ。列車は日本三大車窓の矢岳越えを過ぎ、スイッチバックの引込み線へと滑り込み、ゆっくりとバックしてホームに停まった。きれいな砂利敷きのホームには「幸せの

険しい山間にあるスイッチバック駅は、旅人を和ませる雰囲気を持っている

これまでのように被災を乗り越えて運転再開されることを願う

1911年の開業時の姿のまま残された駅舎

古びて良い味を出している駅舎が旅人を優しく迎えてくれる

鐘」があり、行き交う観光客たちが鳴らして行く。静寂な谷間は、小鳥のさえずりだけが響き渡る実にのどかな空間だ。

しかしこの駅には長き歴史の中に悲惨な過去がある。戦後まもなく満員の復員軍人を乗せた列車がトンネルで立ち往生、出口へ向かって歩き出した53名に向かって後退してしまい、轢死させた事故。そして72（昭和47）年の大雨による土石流で、人家が巻き込まれる大惨事も起き、駅舎だけが奇跡的に残ったことで無人地帯になったのだ。このような不遇の歴史を歩んだ経験が、ここを訪れる人々の幸せを願う気持ちに表れている。

初回訪問　2000年5月10日

※2008年撮影。真幸駅は「令和2年7月豪雨」による被災のため運休中。

23位

抜《ばっ》海《かい》

北海道
JR宗谷本線

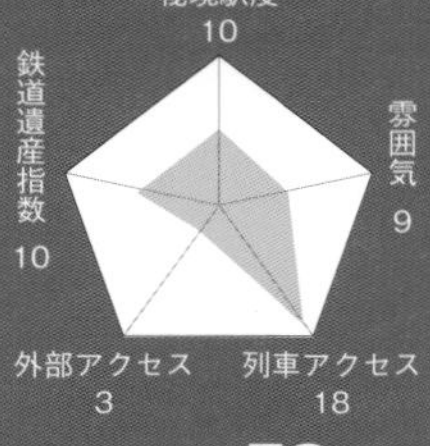

総合評価 **50**

秘境駅DATA

所在地／北海道稚内市抜海村字クトネベツ
開業年／1924（大正13）年
乗降客数／不明

最果ての秘境駅へ行こう！

最果ての地にふさわしい寂寥感が味わえる駅だ

ホーム端の草花と古い駅舎が郷愁を誘う

孤独な冒険者の美学が感じられる

若い頃、いつも遠くに行きたがっていた。とくに最果ての地に憧れ、19歳の夏にバイクで宗谷岬を訪れた。既にあれから23年余りの歳月を経たが、記憶は未だに鮮明だ。こうして全国の秘境駅を探す旅を続けてきたが、この「抜海駅」がイメージにピッタリだった。果てし

コトコトとレールを鳴らしながら一両きりの相棒がやってきた

駅舎は雪切り室があり、最北の厳しい自然環境を物語る

古い木造駅舎は改修されながら使われているようだ

なく続く原野、雄大な利尻富士を望む日本海、そして風格のある駅舎。ここまでの道のりは本当に長かったが、苦労してやって来て本当に良かったという達成感に包まれる。

決して賑やかな観光地ではない。売店はおろか自販機も一切無い。駅前には廃墟と化した人家が3軒ほど見えるだけだ。絶え間なく吹き付ける風が悲鳴を上げるようにビューと音を発し、その場末的空間に孤高の美学を感じてしまう。独り旅は当然ながら孤独だ。だったらその孤独感が最も感じられるところへ行ってみたい。きっと冒険者とはそういう生き物なのだろう。

初回訪問　2002年1月5日

24位

布《ぬの》原《はら》

岡山県
JR伯備線

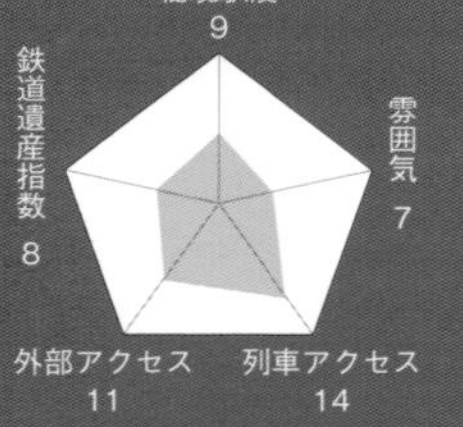

総合評価 49

秘境駅DATA

所在地／岡山県新見市西方字野々原
開業年／1987（昭和62）年
乗降客数／1日0人

全列車が通過する駅⁉

ホームには待合室も駅舎も存在しない

伯備線なのに芸備線しか止まらない

布原駅は伯備線のはずだが、時刻表の伯備線のページを見ると、全列車が通過（レ）になっている。どうやって降りれば良いのか？じっくり読むと欄外に「新見～備中神代間は芸備線の○ページをご覧ください」と書かれていた。

ここは1936（昭和11）年に

駅の前の清流には釣り人の姿も見える

ホームの長さはきっかり1両分だけで合理的

駅の時刻表も芸備線となっている

信号場として開業、昭和28年頃から仮乗降場として一部列車の旅客扱いを行っていた。その後、87（昭和62）年4月1日の国鉄分割民営化を機に駅へと昇格。しかし辺りは静かな山里で人家は数軒しかなく、多くの利用者は見込めない。信号場だった名残りで短いホームしかなく、芸備線を走る小さなディーゼルカー1両で十分という判断だろうか。このような場所柄に加え、主要道からも遠く離れていて、実に閑静な場所にある。目の前の清流に時折釣り人の姿を見るだけの、自然美あふれる場所だ。のどかなひと時を、自由気ままに散策したい。

初回訪問　2000年3月18日

25位

女《め》鹿《が》

山形県
JR羽越本線

モルタルの待合室は詰所の名残り

信号場時代から時を止めたような雰囲気が漂う

鉄パイプでできた簡素のホームはまるで仮設駅のよう

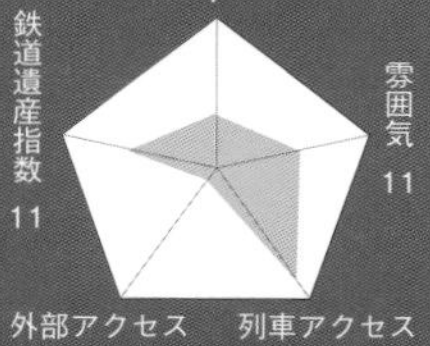

総合評価 48

秘境駅DATA

所在地／山形県遊佐町吹浦字女鹿
開業年／1987（昭和62）年
乗降客数／不明

普通列車さえ通過する信号場のような駅

ここは羽越本線の山形県最北端。集落からは離れ、普通列車さえも通過してしまう小さな駅だ。停車する列車は、1日あたり秋田方面の下りは4本、酒田方面の上りは2本に過ぎず、列車での訪問は困難である。だが、車での訪問はたやすく、主要道である国道7号

古びた待合室の室内。冬場はストーブも備わる

集落から離れてひっそりと佇ずむ

信号場時代の職員用詰所がそのまま転用された待合室

国道からほど近く車でのアクセスはたやすい

線の吹浦バイパスから近く、小さな立て看板「JR女鹿駅入口」を見逃さないように曲がれば、わずか数10mで到達できる。

女鹿駅は1962（昭和37）年10月30日に信号場として開設され、87（昭和62）年4月1日の国鉄分割民営化と同時に駅へ昇格している。だが、実情は信号場そのもので、今も昔も変わることはない。駅の構造は2面2線で、長大編成の貨物列車が行き違える長さを誇るが、ホームは鉄パイプと板で組まれた簡素なもの。さらに待合室は、信号場時代の古いモルタル塗りの職員用詰所がそのまま転用されている。室内は薄暗く少しばかり不気味だが、それだけに興味をそそられる駅でもある。

初回訪問　2000年9月30日

26位

宗《そう》太《た》郎《ろう》

大分県
JR日豊本線

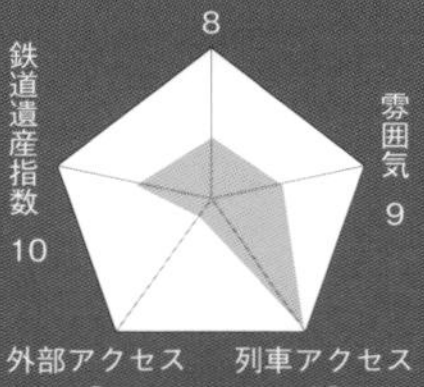

総合評価 **48**

秘境駅DATA

所在地／大分県佐伯市宇目大字重岡
開業年／1947（昭和22）年
乗降客数／不明

普通列車は通過するが観光列車は停まる

南国の深い山間にひっそりと佇む

日豊本線にあるが普通列車が1日1・5往復しか運行されない区間にあるため、列車での到達は非常に困難だ。周囲の人家は7、8軒しかなく、大分・宮崎県境の深い山間にひっそりと佇む九州随一の秘境駅といえるだろう。

信号場としての開業は1923

県境の山深い地形にひっそりと佇んでいる

停車する普通列車は1日3本。しかも下り列車は早朝の1本のみ

待合所は下りホームのみ。ベンチの端に駅ノートが見える

下りホームにはなんと「池」が。中にはイモリが生息！

解体された改札口の鉄柵があばら骨のように残っていた

「秘境感」を売りに、最近では豪華な観光列車が停車するようになった

（大正12）年12月15日。47（昭和22）年3月に晴れて旅客駅へと昇格したが華々しい時代は長く続かず、不便な奥地で暮らした人々は次第に去り、72（昭和47年）3月には無人駅にされてしまった。その後しばらくは古い木造駅舎も残されていたが、いつしか解体され、改札口にあった鉄柵があばら骨のように残されている。

夕暮れ時に停車する列車で降り立ってみる。クーラーの効いた車内から一歩外に出ると蒸し暑い空気が全身を包む。列車が去り、辺りには虫の鳴き声だけが響く。今日一日の締め括りにビールで乾杯したい気分になった。

初回訪問　1999年8月6日

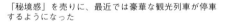

27位

奥《おく》大《おお》井《い》湖《こ》上《じょう》

静岡県
大井川鐵道 井川線

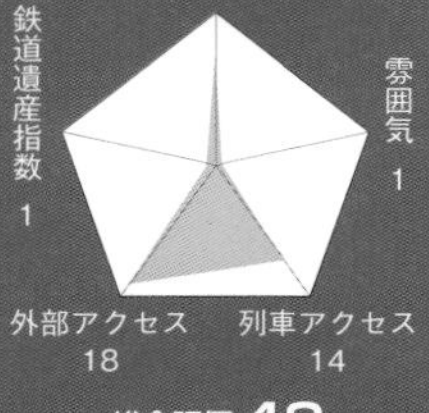

総合評価 48

秘境駅DATA

所在地／静岡県川根本町梅地
開業年／1990（平成2）年
乗降客数／1日43人

別名「奥大井恋錠駅」

全国唯一"湖上"と付く名にふさわしい駅である

湖に浮かぶ最強ロケーションの駅

ここは静岡県の山奥にある一風変わった駅。長島ダムによってつくられたダム湖（接岨《せっそ》湖）にかかる奥大井レインボーブリッジに挟まれ、ぽっかりと湖の上に浮かんでいるように見える。湖の中に細長く突き出した半島にあり、人家も車道も無く、まさに水の中に取り残され

テレビでもたびたび取り上げられ休日は観光客で賑わうようになった

ダム建設で村はなくなったが、観光化のため橋梁に挟まれた駅が誕生した

対岸には旧線跡が見られる

周囲に人家は存在しないが、町営施設として公園やレストハウスはある

岨峡温泉方面は鉄橋の脇に歩道が併設されている

た孤高の存在といえよう。

なぜこのような駅がつくられたのか？　それは長島ダムの建設によって水没した旧線を付け替えるために生まれたものだ。ホームには幸せを呼ぶ鐘「ハッピー　ハッピーベル」があり、恋人たちの愛を誓う〝愛の鍵箱〟があるなど、むしろ観光駅として特化させている。休日には多くの観光客が訪れ、歩道が併設されたレインボーブリッジを渡る姿も見られる。鉄道にとって湖は避けて通るものだが、大きな鉄橋で横断させることでサプライズを呼び、人跡まれな秘境の地を観光資源化させたのである。

初回訪問　2000年11月16日

28位

矢《や》岳《たけ》

熊本県
JR肥薩線

木造駅舎が胸を打つ

明治時代に建てられた駅舎が旅情を誘う

隣駅の真幸～矢岳間は日本三大車窓の一つ

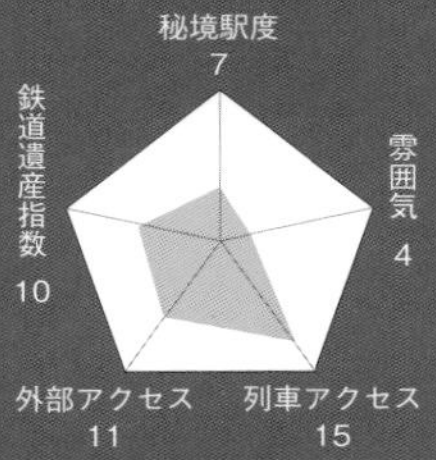

総合評価 47

秘境駅DATA

所在地／熊本県人吉市矢岳町
開業年／1909（明治42）年
乗降客数／運休中

明治時代から生き続ける鉄道の魅力を再確認

南国九州の深い山間、標高536・9mにある矢岳駅は、肥薩線の中でも最高所にあり、辺りには高原の清々しい空気が漂う。周囲には人家が7、8軒程度の小集落のみ。国道267号線から分岐する、細い山道が延々と続いた「どん詰まり」のような場所にあり、鉄

明治の時代そのままの雰囲気が残る

観光列車「いさぶろう・しんぺい」号（現在運休中）

その昔、ここから皆に見送られ旅立った人々を想う

SL資料館が併設され、当時ここで活躍したD51を保存している

道開通前には陸の孤島と呼ばれていた場所だ。

1909（明治42）年の開業当時から建つ木造駅舎は、訪れし者の心底を打つ素晴らしい建造物であり、鉄道が交通の主役だった時代の佇まいを、いまに色濃く伝えるものだ。

一時は赤字ローカル線として存続の意義も問われたが、明治という遠い時代から生き続ける鉄道が、再び脚光を浴びる姿が見られることは、鉄道ファンにとっても真に嬉しいことなのである。

初回訪問　2000年5月10日

※2008年撮影。矢岳駅は「令和2年7月豪雨」による被災のため運休中。

29位

釧《くし》路《ろ》湿《しつ》原《げん》

北海道
JR釧網本線

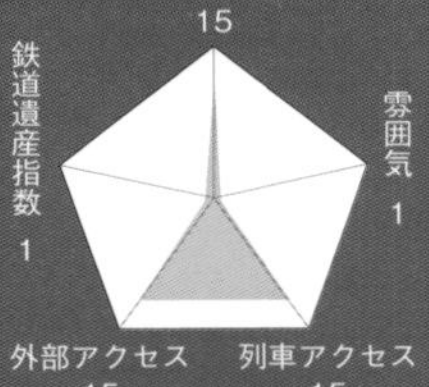

総合評価 **47**

秘境駅DATA

所在地／北海道釧路町字トリトウシ原野南5線
開業年／1988（昭和63）年
乗降客数／不明

天然記念物のど真ん中

駅名標の字体が何気なくノスタルジック

観光目的に特化された湿原の中の駅

ここは道東が誇る観光路線の釧網本線にあり、同名の釧路湿原のど真ん中にあるため人家は一切存在しない。おまけに車道もなく、湿原を展望する細岡展望台（駅から400m。徒歩約10分）からの階段を降りてこないと到達できない。いわゆる観光目的に特化しており、

駅前から細岡展望台へ階段が続く

釧路湿原の中にあり周囲に人家は無い

細岡展望台から望む釧路湿原の絶景

ログハウスの典型的な観光駅舎

定期列車が通年で停車するのは下り2本と上り3本だけ。ほかは定期列車の臨時停車が下り5本と上り4本、さらに休日などに運行される臨時列車、上下1本ずつが加わるため、ほぼ倍数が不定期扱いの停車である。

駅の生い立ちは、1988（昭和63）年7月23日、JR北海道の臨時駅として開業。その後、多くの観光客が利用するようになり、96（平成8）年12月1日に頭の（臨）が取れ、晴れて常設駅となった。ちなみに釧路湿原は国の天然記念物に指定されているため、湿原内に許可なく立ち入ることは禁止されている。この素晴らしい景観を後世へ残すことは、今生きているわれわれの責任だ。

初回訪問　2001年8月12日

30位

道《どう》後《ご》山《やま》

広島県
JR芸備線

ゲレンデ〃跡〃まで駅から直行！

誰も来ないスキー場と朽ち果てて行く廃屋が寂しく迎える

駅舎は古く、割と大きめで消防車の車庫となっている

総合評価 43

秘境駅DATA

所在地／広島県庄原市西城町高尾
開業年／1936（昭和11）年
乗降客数／1日0人

廃業して久しいスキー場前の駅

中国山地を縦断する芸備線の中でも最も標高が高く、611mにも及ぶ。周囲の人家のほぼ半数は廃屋となり、寂しい雰囲気が漂う。開業当事から建っていると思われる駅舎は木造モルタル張りの古いもの。無人化されて久しく、待合室と隔てた元駅務室は、消防ポ

階段を上がったホームの眼前にスキー場の跡地が広がる

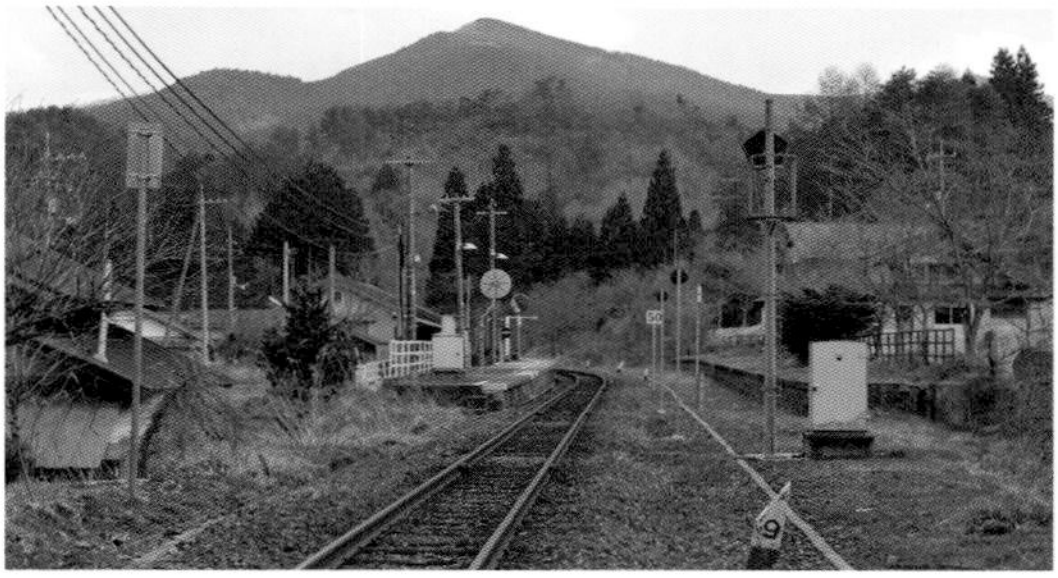
芸備線の最高所にある道後山駅

電灯からぶら下がったコードが寂しげだ

赤字で書かれた「国鉄」の文字はほぼ消えている

ンプ車の車庫になっている。

短い階段を上がってホームに出ると、眼前にゆるやかなスロープが現れた。ススキが揺れる古いスキー場の跡地だ。ふもとにはレストハウスを兼ねた民宿が残り、賑わっていた頃がしのばれる。近年の地球温暖化で雪が少なくなったのか、新たに開発された大型スキー場の影響か、それより列車を使ってスキー場へ行くというスタイルそのものが廃れてしまったことが原因であろう。吹き抜けていく風が冷たく頬を刺す。かような場所へ人恋しくなる季節に訪れるものではない。言葉を返せば、それだけ心情に沁みる風景に出会える秘境駅である。

初回訪問　2000年3月18日

31位

川《かわ》根《ね》小《こ》山《やま》

静岡県
大井川鐵道 井川線

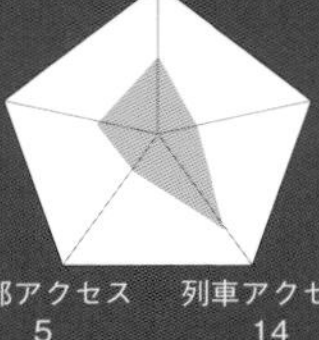

秘境駅DATA

所在地／静岡県川根本町奥泉字小山
開業年／1959（昭和34）年
乗降客数／1日1人

水力発電元祖の地

シンプルな駅名標は読みやすく好感が持てる

その昔、大井川水系初の発電所があった

大井川の上流域に沿って走る、大井川鐵道井川線。大きく蛇行する川に合わせて、線路もΩ（オメガ）状のカーブを描く。川根小山駅は、トンネルに挟まれた鬱蒼とした林の中にある2面2線の列車交換駅。ログハウスのような待合所があるが、隣の10台ほど置かれる自転車

物音一つしない山間で、今日も駅の一日が始まる

列車交換できる設備のほか側線も備わっている

ログハウスのような待合室だが人影はない

置き場には1台もなかった。

そんな寂しいところだが、小山地区は大井川における水力発電の始祖の地である。1906（明治39）年、日英両国の民間資本による「日英水力発電株式会社（日英水電）」による水力発電事業が計画された。その後、イギリス資本が撤退して日本単独での事業となる日英水電を設立。大きく蛇行した近接部「牛の頸（ぎゃーのくび）」のわずか28・5mに水路を掘り、大井川水系初の水力発電所として小山発電所（出力1400kw）が稼働した。しかしその後、上流に大きなダムが建設され、廃止・撤去されてしまった。こうして人々も発電事業も、上流へと遡っていったのであろう。

初回訪問　2011年10月22日

32位

南幌延《みなみほろのべ》

北海道
JR宗谷本線

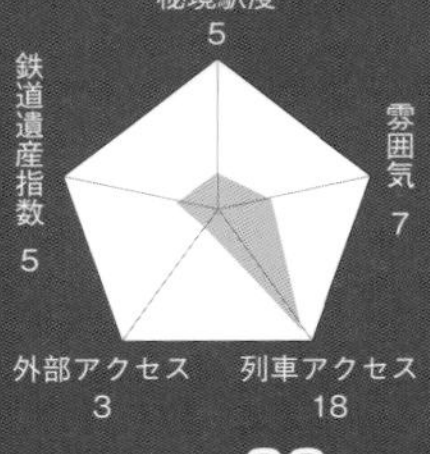

総合評価 **38**

秘境駅DATA

所在地／北海道幌延町字開進
開業年／1959（昭和34）年
乗降客数／不明

グリーン座席指定のある待合室

一両分しかないホームに小さな列車がやってきた

少し離れた所に恐ろしくボロい待合室がある

古ぼけた待合室は時を越えた異空間だ

宗谷本線の南幌延駅は板張りのホームの小さな駅だ。しかし、同線に多い元仮乗降場でなく、1959（昭和34）年11月1日、国鉄・宗谷本線の安牛《やすうし》〜上幌延間に新設開業した一般駅である。周囲は牧場地帯で、酪農家と思わしき人家が3軒だけで、まさに「何もな

周囲は牧場が広がるのどかな雰囲気

短い板切れホームがポツンとある小さな駅

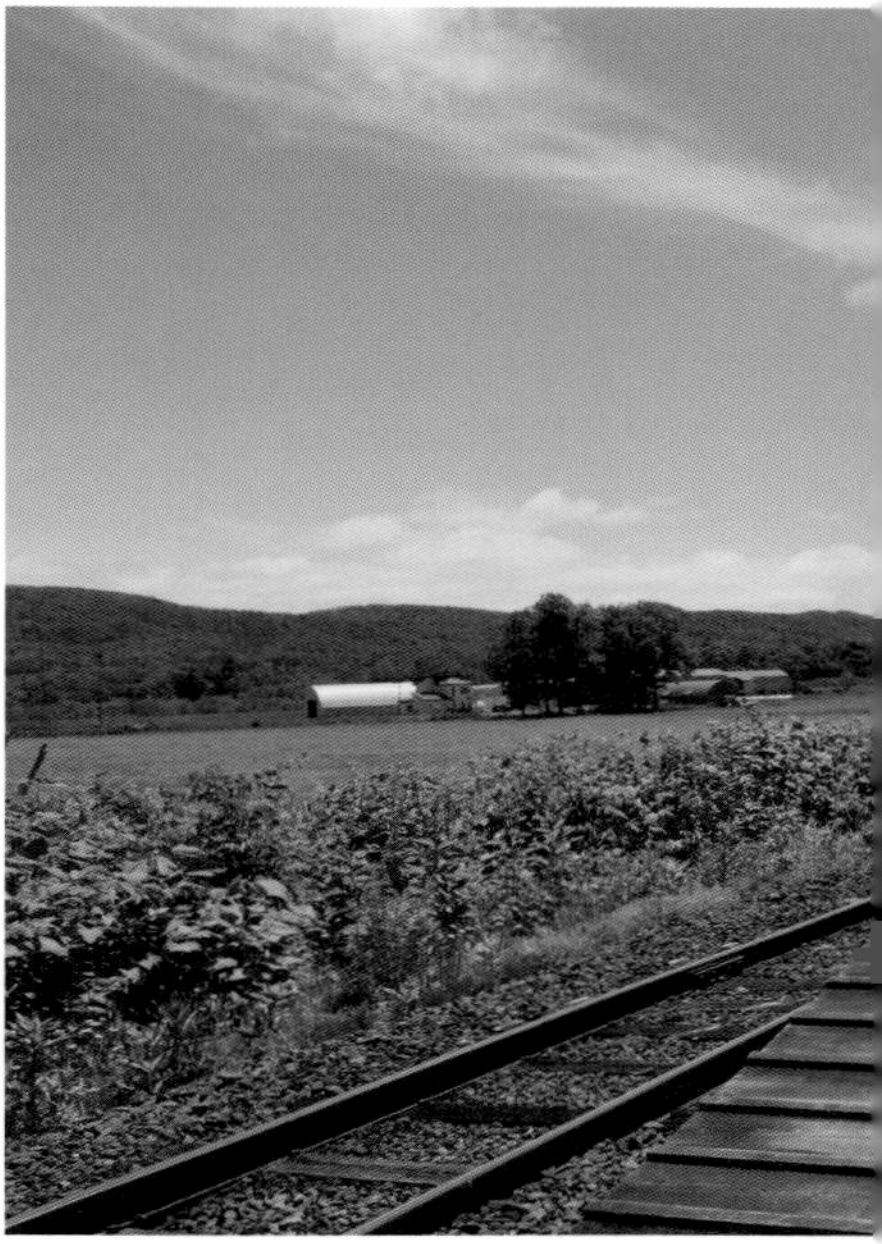

ベンチに書かれた「グリーン座席指定」の文字は消えかかっていた

待合室の内部には板を渡しただけのベンチがあるだけ

い」という言葉が良く似合う。

かような状況ゆえ普通列車でも通過が多く、1日あたり上下3本ずつしか停車しない。それだけに秘境駅訪問者にとってはハードルの高い駅である。今日のようにモータリゼーションが普及し、このような板張りの駅など忘れられていると思いきや、ホームはきれいに除雪されていた。しかし、かたわらにある待合室は相当古く、扉が壊れていて内部に雪が吹き込んでいる。板を渡しただけのベンチには小さく「グリーン座席指定」と書かれていて思わず笑みがこぼれた。21世紀も過ぎて久しいが、ここはいまだ時の流れと無縁の世界であった。

初回訪問　2000年12月31日

33位

久《く》我《が》原《はら》

千葉県
いすみ鉄道 いすみ線

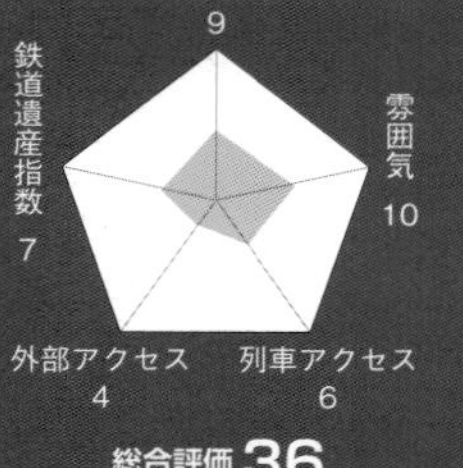

総合評価 36

秘境駅DATA
所在地／千葉県大多喜町久我原
開業年／1960（昭和35）年
乗降客数／1日6人

懐かしき時間に出合う場所

東京近郊とは思えないほどゆったりとした時間が流れていた

東京からわずか 2時間ちょっとの秘境

黄色の小さなレールバスが、緑の景色をなでるようノンビリと進んでいく。しばらくして久我原という、誰もいない小さな駅に停まった。ここは、房総半島のほぼ中央に位置し、東京からわずか2時間余りで到達できる秘境駅。周囲は草木が生い茂る荒地で人家は3軒し

この駅にお似合いの黄色いレールバスがやって来た

駅の周囲は荒地が広がっているだけ

都心からさほど遠くないこの場所に、信じられないほどの秘境駅が存在していた

駅の周囲は地元の人の手によって花壇などが設置されている

待合室は吹きさらしで簡素なもの

か見えない。主要道からも遠く離れており、小鳥のさえずりだけが響くのどかな場所だ。

古い木造のひさしにベンチしかない簡素な待合所だが、暖かな空気に誘われてモンシロチョウがひらひらと迷い込んで来る。気が付けば童心に帰り、駅に続く細い小道を追いかけていた。幼き日に母親の背中から見た風景が目の前に蘇る。胸を締めつけられるような想いで、ひと筋の涙が頬を伝い、思わず歩みを止めてしまった。

日々、雑務は時間との戦い、熾烈な競争と成果主義、スキルアップと資格取得……。幸せとはいったい誰のためにあるのか？　心が満たされないとき、懐かしき時間に出合える場所がここにある。

初回訪問　2002年6月18日

34位

天塩川温泉《てしおがわおんせん》

北海道
JR宗谷本線

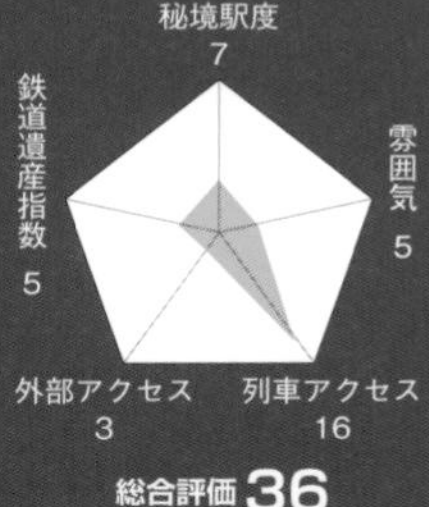

秘境駅DATA

所在地／北海道音威子府村字咲来
開業年／1956（昭和31）年
乗降客数／不明

近くに立派な温泉施設がある秘境駅

大きな温泉施設の陰で過疎の現実を見る

駅から徒歩20分ほどの所に「住民保養センター天塩川温泉」という大きな温泉施設があり、日帰り入湯のほか宿泊もできる。けれども停車する列車は上下4往復だけで、駅から温泉施設へ歩く人もほとんどいない。ホームは1面1線の短い板張りで、かたわらにはとん

駅名標のフレームは古いものを再利用

板張りホームはまるでステージのよう

プラベンチに善意の座布団が敷かれストーブも完備

近くに温泉施設はあるが停車する列車は上下とも4本のみ

待合室には小上がりもある

とんがり帽子のような赤い屋根の待合室

がり帽子のような赤い屋根の待合室が建っている。内部は2列のプラベンチに善意の座布団が敷かれストーブも完備。別室にトイレもあるほか、カーペット敷きの小上がりまである。まさにいたれり尽くせりの居住性で、駅寝してくださいと言わんばかりだ。

一方、周囲は天塩川の流れこそ印象的だが、あとは山林と原野ばかり。以前は人家が数軒あったがすっかり取り壊され、材木の山になっている。温泉施設以外は無住地になってしまった様子で、施設の行き帰りと思われる自動車だけが通り過ぎていく。過疎のひと言で片付けるのは簡単だが、何だか虚しい光景であった。

初回訪問　2012年10月7日

35位

上《かみ》有《あり》住《す》

岩手県
JR釜石線

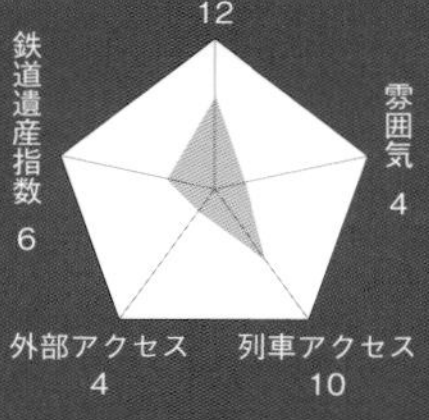

総合評価 **36**

秘境駅DATA

所在地／岩手県住田町上有住字土倉
開業年／1950（昭和25）年
乗降客数／不明

鍾乳洞のある山の中の駅

アリスというメルヘンチックな駅名からは想像できないほど山奥だ（写真／佐々倉 実）

愛称は洞窟を意味する「カヴェルノ」

ここは釜石線の小さな駅。付近は山の中で人家は無く、徒歩3分のところに鍾乳洞があるだけだ。駅の利用者はこの洞窟見学の観光客に限られ、一般的な利用者はいない。さらに特異な立地であるため人家が建ちにくい背景もある。

駅は1面1線の単式ホームだが

1面1線の単式ホームだが使われていない2本の側線が見られる

ホームには滝観洞（ろうかんどう）などの観光案内があるが降りる人はいない

階段の上は展望スペースになっているが当然ながら人気はない

人家は無く、少し離れた場所に鍾乳洞があるだけ

去りゆく列車を寂しく見送る

駅前は展望台になっているが人の姿は見えない

使われていない２本の側線が見られる。その昔、蒸気機関車が活躍したころに使われたのであろう。釜石線は、別称「銀河ドリームライン釜石線」として宮沢賢治の作品に由来するイメージ作りに力を入れていて、この駅は洞窟を意味する「カヴェルノ」という愛称が付けられている。しかし、この駅の将来は暗く、すでに厳しい現実が訪れている。観光客の足が仙人峠道路を通って滝観洞ＩＣに乗降する観光バスに変わり、存在意義が無くなりつつあるからだ。高規格道路の開通は地域にとっては喜ばしいことだろうが、その陰で存在意義を失った駅がある。

初回訪問　２０１３年11月13日

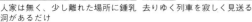

36位

昆《こん》布《ぶ》盛《もり》

北海道
JR根室本線

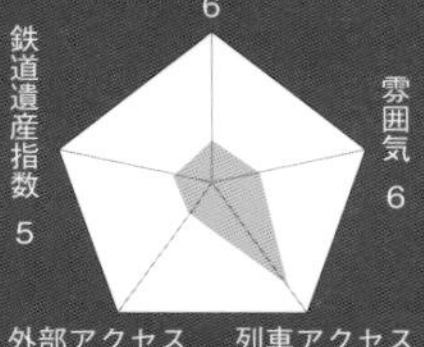

総合評価 36

秘境駅DATA

所在地／北海道根室市昆布盛
開業年／1961（昭和36）年
乗降客数／不明

なんとなくお得感がある秘境駅

林の中にひっそり佇むホーム

はるか丘の上にある昆布が名産の秘境駅

根室本線の末端、通称〝花咲線〟にある昆布盛駅。開業は1961（昭和36）年2月1日で当初からの無人駅だが、JR化以前に仮乗降場だったものではない。駅の構造は単純な1面1線のホームとかたわらに建つ小さな待合室のみ。待合室はかなり傷んで、今にも体

待ち人が居るのか、一台の車が訪れていた

待合室は狭いながらもつくり付けの椅子を装備していた

駅名標のような
漁港の標識

駅裏から集落へ続く道すがら、
可憐な水芭蕉が咲いていた

重で床が抜け落ちそうだった。駅前は北海道道142号・根室浜中釧路線が通っているが、車の通行量は少なく終日静かな世界。ホームから見渡す限り人家は無いが、裏手の坂道を300mほど下っていくと小さな漁港と街がある。

ところで、函館本線には「昆布」という駅があるが、こちらはそれが〝盛って〟ある。何だかお得感が満載で嬉しくなる。ちなみにアイヌ語でコンプ（半濁点）は、もろにコンブ（濁点）と同義語である。駅名はコンプ・モイ（昆布の取れる湾）に由来しており、昆布が名産なのを裏付けているかのようだ。思わず中野物産の都昆布が食べたくなった。

初回訪問　2005年5月17日

37位

渡島沼尻《おしまぬまじり》

北海道
JR函館本線

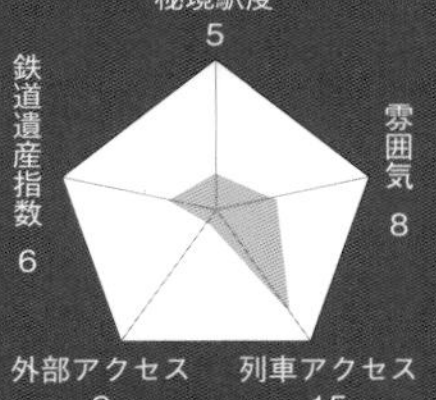

総合評価 **36**

秘境駅DATA
所在地／北海道森町砂原東
開業年／1945（昭和20）年
乗降客数／不明

静かな林の中で心癒される

目を閉じれば鳥のさえずりが聞こえるだけの静かな環境にある

補強材に支えられた待合が厳しい自然環境を物語る

太平洋戦争当時、駒ケ岳を経由する函館本線の急勾配区間を迂回させるために、海岸回りのルート（砂原支線）を開設した。この駅は、坂道に弱い蒸気機関車が牽引する貨物列車の交換を目的として、１９４５（昭和20年）６月１日に信号場として設置された。やが

周囲の人家はたった3軒。利用する人は極少ない

風雪に耐えてきた古い木造の駅舎

古いベンチが置かれただけの小さなスペース

バットレスと呼ばれる倒壊を防ぐ補強材で支えられていた

て国鉄分割民営化によって正式な駅へと格上げされた。

しかし、当初より旅客の乗降を見込んでいない土地であるため、周囲に人家は数軒のみ。長い交換線には短いホームがそっと寄り添っている。古い木造の待合室は永年の風雪に耐えながら、バットレスと呼ばれる倒壊を防ぐ補強材で支えられていた。待合室の内部は狭く薄暗いが、ひとたび外へ出ると森林の静けさが辺りを包む。目を閉じて、そっと耳を澄ませてみる。木漏れ日が注ぐ林の向こう側からは鳥の鳴き声しか聞こえてこない。車の往来の無い空間が、ここまで気持ちの良いものだと改めて感じさせるのだった。

初回訪問　2001年8月10日

38位

雄信内《おのっぷない》

北海道
JR宗谷本線

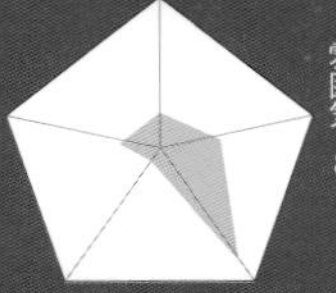

総合評価 **36**

秘境駅DATA
所在地／北海道幌延町字雄興
開業年／1925（大正14）年
乗降客数／不明

駅前の光景に涙を禁じ得ない

現役の駅舎とは信じがたい光景に、しばし言葉を失う

人々が去った街に
残された木造駅舎

北辺の大地を貫く宗谷本線。美《び》深《ふか》を過ぎた車窓からは水田が消え、まばらに散った牧場に代わる。ゆっくりとポイントを渡った列車は古い木造駅舎の前に停まった。ここは「おのっぷない」という難読の列車交換駅。反対列車が来るまでの数分ではなく、しっかりと下車し

夢を抱き、開拓に汗した人々の心も線路のように真っ直ぐだったのだろう

駅舎は大変古く、大正14年の開業以来のものと思われる

人々が去った今、古い駅舎が残るこの駅をいったい誰が利用するのだろうか

背後は山林、そして駅正面は廃屋が数軒あるゴーストタウンであった

待合室正面の錆ついた駅名板に裸電球

てみたい。

開業は1925（大正14）年7月20日と古く、当時からの駅舎が悠然と立ちつくしている。正面の錆ついた駅名板に裸電球……。これが現役の駅舎とは信じがたい光景に、しばし言葉を失う。駅前の光景は凄惨だ。周囲に点在する家は全て廃屋で、さながらゴーストタウンといったところか。多くの人々が夢を抱いて開拓に精を出し、行き交い、賑やかだった時代が確かにあった。しかし、厳しい自然と産業の衰退のため、ささやかな生活さえ許されなくなった悲しい現実。無念の思いでここを立ち去った人々の心情に涙腺がゆるむ。こうして見果てぬ光景に想いを重ね描くことで、旅の深みは増していく。

初回訪問　2012年10月6日

39位

閑《かん》蔵《ぞう》

静岡県
大井川鐵道 井川線

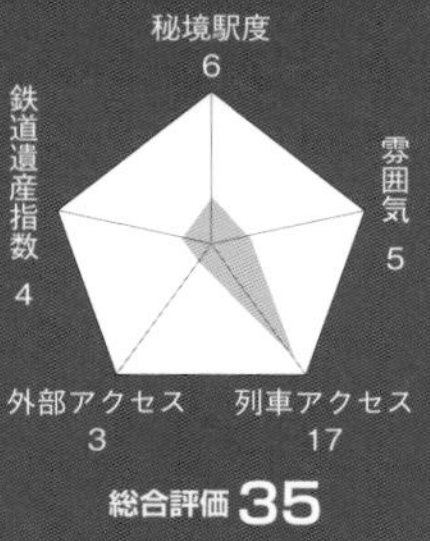

総合評価 **35**

秘境駅DATA
所在地／静岡市葵区井川
開業年／1959（昭和34）年
乗降客数／1日48人

一番列車で新聞配達

雨宿り程度しかできない待合所に壁掛け時計がミスマッチ

新聞が列車で配達される山奥の駅

静岡県の山奥に延びる大井川鐵道井川線。もとは電源開発を目的とした中部電力の専用鉄道として1954（昭和29）年4月1日に井川駅の先（堂平）まで開通。その後、59（昭和34）年8月1日に大井川鐵道へ引き継がれ、現在の終点・井川駅までの旅客営業が開始され

鬱蒼とした林の中にあって、まさに「閑」の字が表す通り閑散としている

井川線独特の低いホームはまるで信号場のよう

林に挟まれた薄暗い駅に、雨降りの朝がやってきた

終点の井川まではあと一駅だ

た。同時に終点の一つ手前の当駅も開業。列車交換のできる信号場の役割を兼ねて設置された。

　しかし、周囲にある人家はわずか3軒。鬱蒼とした林の中にあって、まさに「閑」の字が表す通り閑散としている。定期利用者はほとんどいないが、起点の千頭方面から来る一番列車は朝9時49分に到着し、付近の住民のための新聞（3部を紐で一束にしてある）を載せている。車掌が新聞配達を委託されており、駅の待合所に新聞を置いていくのだ。旅客よりも新聞配達がメインというのも皮肉だが、それでも地域住民にとっては大切な存在であることには変わらない。

初回訪問　2000年11月16日

40位

筬島《おさしま》

北海道
JR宗谷本線

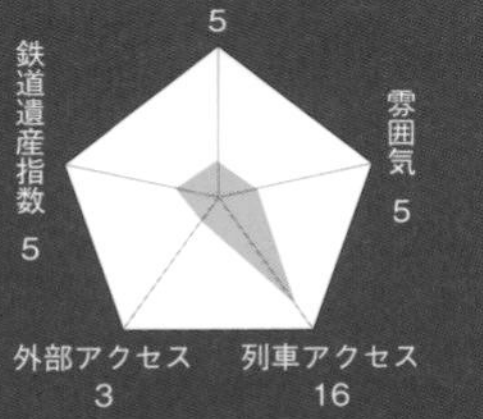

総合評価 **34**

秘境駅DATA
所在地／北海道音威子府村物満内小字筬島
開業年／1922（大正11）年
乗降客数／不明

駅から1分のアトリエを訪ねてみよう

駅前広場に以前使われていた駅名標が立つ。左側に神路（かみじ）の表記も！

秘境駅にも
芸術的な見どころがある！

筬島《おさしま》という難読駅。「筬」とは織り機に仕掛けた経糸の密度と織り巾を決定する櫛型の道具のこと。しかしこの地名の由来はアイヌ語のオサシマンナイ（川尻の下るところにある小沢の意）による。

筬島駅は1面1線の土盛りのホームに貨車（車掌車）をリサイク

明るい時間なら去りゆく列車に寂しさはない

無人地帯に貨車（車掌車）をリサイクル改造した待合室がポツンと建つ

1面1線の土盛りのホーム

貨車を再利用した駅舎はきれいにリニューアルされていた

ル改造した待合室が建つ。元は2面2線の列車交換が可能で、切り出した木材を積み込む貨物用の側線もあった。駅前から見下ろすゆるやかな平地に人家が見えるが、廃屋もあるようだ。

駅は1922（大正11）年11月8日に開業したが、貨物と荷物の取扱いが廃止され、86（昭和61）年11月に無人化されてしまった。それでも歩いて1分のところに「BIKKYアトリエ3モア」があり、彫刻家、故・砂澤ビッキの作品が展示されている。ぜひ一度訪れてみよう。

初回訪問　2012年10月6日

41位

北《きた》秩《ちっ》父《ぷ》別《べつ》

北海道
JR留萌本線

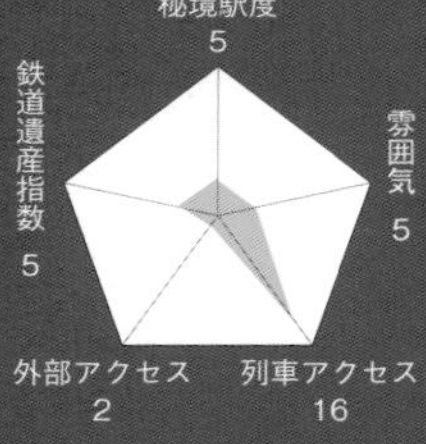

総合評価 **33**

秘境駅DATA

所在地／北海道秩父別町六条
開業年／1956（昭和31）年
乗降客数／不明

ほこりの被った椅子が語るもの

ポツンと佇むこの駅に、停車する列車は極少ない

小さな木造待合が郷愁を誘う

留萌〝本線〟を名乗る路線だが、途中の留萌から分岐していた羽幌線はすでに無く、増毛までの盲腸線になって四半世紀が過ぎた。その反面、青空澄み渡る石狩平野に線路と並行する高速道路が視界を遮り、立派な堤の影に板張りの短いホームと、小さな木造待

小さな板張りのホームに味わい深い待合室が寄り添っている（写真／坪内政美）

待合室内部は薄暗くて快適とはいえないが、じっとしていると特別な想いに耽ることができる

広大な石狩平野のなかにポツンと存在しており、人家も遠くに散在しているだけである

合が隠れるようにあった。

ここに停車する列車は一日あたり下り2本、上り4本だけで、列車を使っての訪問は困難である。それでも隣の秩父別からの線路は2・4㎞で徒歩での訪問はたやすいと思いきや、広大な升目状の道路に線路は対角線を描くのであった。見通しが良いところを強制的に3㎞以上も歩かされ、実際の距離以上に疲労感があった。それでも、板張りのホームに上がって小さな木造待合へ入ると、タイムスリップしたような郷愁に疲れも吹き飛んだ。しかし、ほこりの被ったつくり付けの椅子は、ここがほとんど利用されていないことを無言で語っていた。

初回訪問　2000年1月2日

※留萌～増毛間は2016年に廃止。石狩沼田～留萌間は2023年春廃止予定。

42位

折《お》渡《りわたり》

秋田県
JR羽越本線

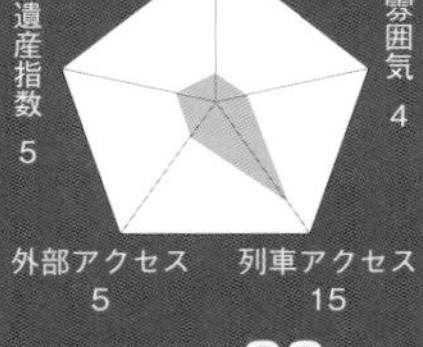

総合評価 **33**

秘境駅DATA

所在地／秋田県由利本荘市岩城上黒川泉田
開業年／1987（昭和62）年
乗降客数／不明

思わず長居したくなる駅とは？

パイプ組みの簡素なホームは改装されきれいになっていた

待合室の快適性は
秘境駅の中でもトップクラス

ここは1957年（昭和32年）9月28日、元信号場として開設され、国鉄が分割・民営化される直前の87（昭和62）年3月31日に正式な駅へ昇格した。駅は谷間のひっそりとした場所にあって人通りは少ない。さらに一部の普通電車は通過するため、訪問は困難で

普通電車の一部は停車することなく高速で通過する

“一級の駅寝環境”を持つ立派な待合室

駅の居心地はいいが周囲は見事なほど何も無い

ここから折渡トンネルを抜けた羽後岩谷までは複線である

待合室はソファーや水道などが備わり快適

ある。

この駅の特徴は、待合室が2カ所あることだ。下り側には信号場時代からの建物で、応接間のソファーや水道など〝一級の駅寝環境〟と呼べる設備を持つ。一方、上り線側は小さな物置のような待合室だが、比較的新しく内部はきれいなもの。どちらも石油ストーブが備え付けられ、暖かい列車待ちが約束される。そんな居心地の良い駅だが、周囲は見事なほど何も無い。人家は7〜8軒ほどあるが、閑散としている。それだけに駅の暖かさが、孤独な旅人の心へじんわりとしみていくのだ。

初回訪問　2000年9月30日

43位

有《う》家《げ》

岩手県
JR八戸線

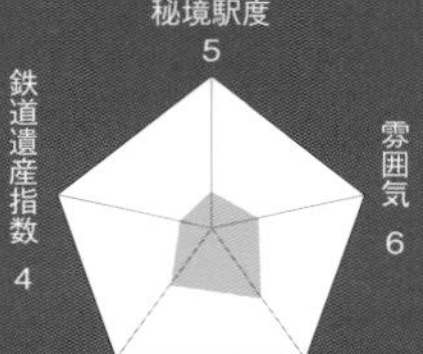

総合評価 33

秘境駅DATA

所在地／岩手県洋野町有家
開業年／1961（昭和36）年
乗降客数／不明

「家」は無いが絶景が広がる

“有家”という名は皮肉なもので、周囲に人家は数少ない

太平洋の絶景と遠浅の浜辺を満喫

ここは八戸線の中でも太平洋を一望する素晴らしいロケーションにあり、海岸から一段上がった丘にひっそりと存在する。駅名とはうらはらに周囲の人家は数軒しか見当たらない。主要道からも遠く離れるため、いたって閑静な場所と思いきや、絶え間なく打ち寄せる潮

眼下に太平洋一望する絶景の駅

人気は無い駅に絶え間なく潮騒が響き渡る

駅近くの海岸はサーフィンのスポットにもなっている

駅寝の朝、一番列車が迎えにやってきた

大きめの待合室はなかなか居住性が良い

騒の音が海岸一帯を席巻するように響き渡っていた。

駅の構造は1面1線の単純なものだが、ホーム上の待合室は大きく締め切りも可能だ。つくり付けの長椅子に座ってじっとしていると、室内にはグォー、グォーという低音に変わってなお響き渡る。こうなると気分的には外の方が良い。三陸海岸には珍しい遠浅の浜辺には、ところどころ丸く浸食された岩が転がり、独特な風景を見せる。思いのほか時間が経ってしまい、大きくカーブした線路に列車が見えた。小走りでホームへ駆け上がり、靴に入った砂を払う。まるで子供に還ったかのような時間をたっぷりと満喫することができた。

初回訪問　2004年3月6〜7日

44位

大川《おおかわ》ダム《だむ》公園《こうえん》

福島県
会津鉄道 会津線

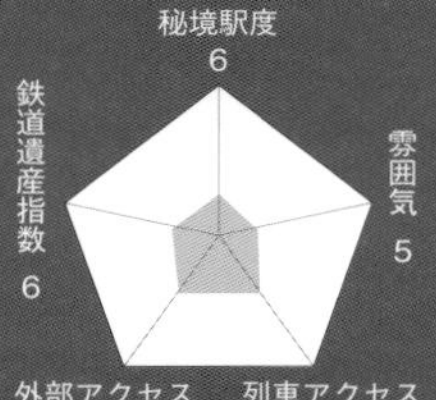

総合評価 33

秘境駅DATA

所在地／福島県会津若松市大戸町大川
開業年／1987（昭和62）年
乗降客数／1日1人

3カ月半ばの命だった元「舟子駅」

ダム建設によって移設・改称された秘境駅

昨今、地名にゆかりのある駅名が減少している。新設駅ならいざ知らず、既存の駅名が改称されることも多い。観光化を目的としているのか、そこに駅利用者の声が届いているとは考えにくい。この駅も類に漏れず駅名を改称している。元は1927（昭和2）年11月

国鉄仕様の駅名標があった

非電化路線ゆえ見通しの良さは素晴らしい！

ホーム端の草花が雨に濡れ幻想的な雰囲気を醸し出す

駅名のダムはここから歩いて20分ほど

切り株を利用した駅名板が観光地らしさを演出している

小さいが戸がしっかり締まる立派な待合室

1日、旧国鉄会津線の舟子信号場として開設。その後、仮乗降場になったが、大川ダム建設による線路付け替えにより150mほど高い場所へ移設する。そして国鉄民営化の87（昭和62）年に「舟子駅」に昇格するが、同年7月16日に会津鉄道へ転換した際、現在の大川ダム公園駅に改称されてしまう。

　こうして見ると舟子駅はわずか3カ月半ばの命であった。ダム建設によって集落は水没し、周囲の人家は高台にある数軒だけ。駅前にオートキャンプ場がつくられたが人影は見えない。本当に何もない駅だが、数奇な運命をたどって今に生きているのである。

初回訪問　1999年11月20日

45位

真《まっ》布《ぷ》

北海道
JR留萌本線

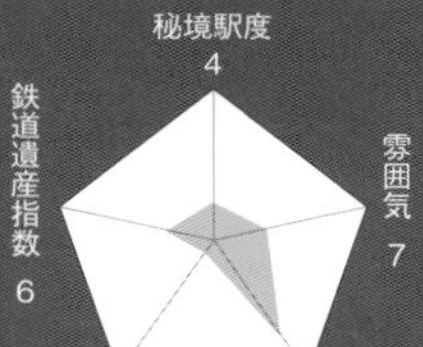

総合評価 **33**

秘境駅DATA

所在地／北海道沼田町真布
開業年／1956（昭和31）年
乗降客数／不明

筋交いで補強された背高の待合室

列車の時刻表を掲示していたボードも使われなくなった

原野を渡る風に耐える待合室に心が温まる

広大な石狩平野の中、板張りホームとひなびた木造の待合室がある。駅の周囲には、人家が7～8軒散在するのみ。まるで平原という大きなキャンバスにアクセントを付けるために気まぐれで設置したかのようだ。

開業は1956（昭和31）年7月

見通しの良い石狩平野に佇む木造待合

永年の風雪に痛んだ待合室は、乗降客を守ってきた名誉の負傷だ

夕暮れ時にだんだん寒さがしみる。さあ、心温まる木造待合に入ろうか

新たに筋交いが張られて補強された。まだまだ使っていく姿勢に感謝!!

待合室内に掲げられた駅名標。ノスタルジックで微笑ましいアイテムだ

1日。当時は国鉄旭川鉄道管理局が設置した「真布仮乗降場」だった。その後、国鉄分割民営化を機に正式な駅へと昇格したが、周辺地域の過疎化によって利用者は減少。肩書きこそ全国に知れ渡ったものの、その実態は全列車の3分の1は通過し、仮乗降場時代と何ら変わることはない。しかし、ここには積雪の多い気候に根ざした、独特な形状をした背高の木造待合室がある。出入口の扉にしか窓がないため薄暗く、時折、吹きつける強風にギーギーと悲鳴を上げるが、時代の流れにも負けない骨太な強さで今日も生き続けているのだ。

初回訪問　2009年1月18日

46位

アプトいちしろ

静岡県
大井川鐵道 井川線

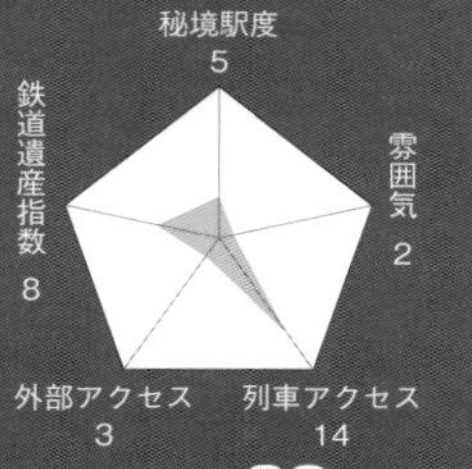

総合評価 **32**

秘境駅DATA

所在地／静岡県川根本町梅地
開業年／1959（昭和34）年
乗降客数／1日6人

専用機関車の連結・解放だけに存在

専用機関車の連結・解放のためこの駅で10分ほど停車する

日本で唯一
アプト式区間にある秘境駅

大井川鐵道井川線は、この駅から山上の長島ダム駅まで90‰《パーミル》に及ぶ急勾配を、日本で唯一のアプト式区間で走破する。アプト式は、通常2本のレールの間に歯形の付いた「ラックレール」の上を、機関車側の歯車を噛み合わせながら登り降りする特殊なシステムだ。信越

アプト区間専用のED90形電気機関車が常駐している

90‰の急勾配を克服する特殊な軌道

アプト区間が始まる歯車噛みあわせ箇所

山深い谷底に珍しく"鉄分の濃い"駅

本線の横川～軽井沢間（1997年廃止）は、かつてアプト式を採用（1963年まで）していたが、同線は長島ダムの建設に伴う線路の付け替えで1990（平成2）年に復活した。

当駅で列車後部に専用の電気機関車を連結するため10分ほど停車し、降りて連結作業を見る乗客も多い。駅構内にはアプト区間専用機関車の車庫があり係員もいる。休日には観光客で賑わうが、駅は深い谷底にあり周囲に人家は一切無い。ここは、アプト式専用機関車の連結・解放だけに存在する極めて特殊な駅なのだ。

初回訪問　2011年10月22日

47位

原《げん》生《せい》花《か》園《えん》

北海道
JR釧網本線

秘境駅度
9

雰囲気
2

列車アクセス
16

外部アクセス
1

鉄道遺産指数
3

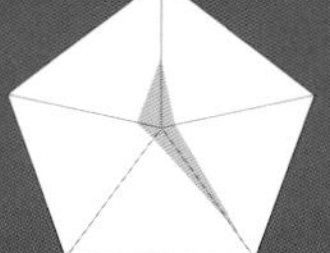

総合評価 31

秘境駅DATA

所在地／北海道小清水町浜小清水

開業年／1987（昭和62）年

乗降客数／不明

オフシーズンこそが北海道の真骨頂！

駅名標のフレームはそれなりに錆びて風格が出ていた

観光客で賑わう 臨時駅の寂しい冬

釧網本線の北浜〜浜小清水間にあり、毎年5〜10月に開業する臨時駅だ。典型的な観光駅だが数奇な運命に翻弄された歴史を持つ。1964（昭和39）年6月1日に国鉄の原生花園仮乗降場として開業したが、78（昭和53）年10月2日に廃止。だが、この素晴らしいロケー

観光地らしいログハウス風の駅舎

お花畑にメルヘンチックな駅舎が良く似合う

典型的な観光駅だが、ロケーションだけは広大無比

ホームは1面1線の単式

夏には野生の花が咲き誇る原生花園

ションを放置するはずもなく、小清水原生花園の周辺整備とともに、87（昭和62）年7月1日に臨時駅として再開業を果たした。

濤《とう》沸《ふつ》湖《こ》とオホーツク海に挟まれた絶景の地で、湖を望む細長い砂丘の上、国道に沿って広がる原生花園は6~8月にかけて約40種もの野生の花が咲き乱れる天然の花畑になり、駅員が出張して記念入場券などのグッズを販売している。だが、観光客が去ってしまったオフシーズンは停車する列車も無く、文字通り〝後の祭り〟だ。だが人がいない、何もない世界こそが北海道の真骨頂である。

初回訪問　2014年6月24日

48位

東《ひがし》鹿《しか》越《ごえ》

北海道
JR根室本線

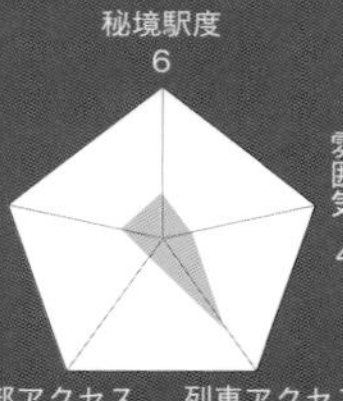

秘境駅DATA

所在地／北海道南富良野町東鹿越
開業年／1941（昭和16）年
乗降客数／不明

「石灰石」の大岩が目をひく元貨物駅

駅前は道路を挟んでかなやま湖が広がる

かつての貨物積み出し駅に人影は無い

　根室本線の閑散区間である滝川～富良野間。そこに東鹿越という小さな駅がある。駅前はいきなり広大な湖が広がり、意表を突かれる光景には驚きを禁じ得ない。周囲に人家は2軒ほどあるが、廃屋なのか区別がつかないほど生活感に乏しい。ホームから斜面を少し上

かなやま湖のほとり、誰も訪れることのない駅に、何の目的があって降りるのか

駅舎は木造。掲げられている駅名板は新しいものに変わっていた

タラコ色のキハ40系が1両きりでゆっくりとやって来た

駅の待合室内にあった出札口は無残にも板で覆われた

島式ホームの上には「石灰石」と書かれた大岩が鎮座する

がった所に採石工場らしきものが見える。これは日鉄鉱業東鹿越鉱山という石灰岩を採掘している事業所で、以前ホクレン中斜里製糖工場へ石灰を搬出するため、ここを起点とする貨物列車が運行されていたが、1997（平成9）年3月に廃止された。その名残りか、ホーム上に「石灰石」と黄色のペンキで書かれた大岩が鎮座しており、いささか興味をひく。

貨物列車がなくなってしまった今、ここの利用者は鉱山関係者以外に思いつかないが、その人数さえ無意味に思える。いったい鉄道の意義とは何なのか？ 少々考えさせられる光景であった。

初回訪問　2002年1月4日

49位

紀《き》伊《い》神《かみ》谷《や》

和歌山県
南海電気鉄道　高野線

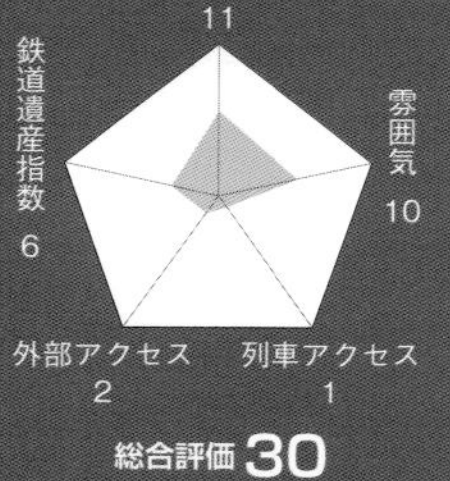

総合評価 30

秘境駅DATA

所在地／和歌山県高野町大字西郷字神谷
開業年／1928（昭和3）年
乗降客数／1日9人

住民専用の下駄箱がある駅

山に囲まれたホームは大きくカーブしている

鬱蒼とした森林にある玄関のような駅舎

薄暗い林の中、忽然と姿を現す古い駅舎。なぜこのような場所に駅があるのか？　そんな疑問を投げかけたくなるこの駅は、南海高野線の終点・極楽橋の1つ手前にある。1928（昭和3）年6月18日、高野山電気鉄道の神谷駅として開業。翌年までは終着駅を務め

対向する電車を交換する駅として運行上、重要な拠点となっている

薄暗くて鬱蒼とした林の中にある切妻屋根の駅舎

木枠のガラス戸にも歴史を感じる味わい深い木造駅舎

ホーム上屋の柱に施された風格ある意匠が心を打つ

駅を利用する地元住民のための下駄箱

た。険しい山間部にあるため、周囲は鬱蒼とした森林が広がるだけで、人家はまったく見えない。駅の利用者も南海の駅の中で最下位だが、ありがたくない称号こそ秘境駅としての面目躍如だろう。

　無人駅だろうと思って降り立つと、駅員が常駐する有人駅であることに驚く。そんな個性的な存在感も私鉄ならではだ。駅の正面軒下には下駄箱が置かれている。これは地元の方が足元の悪い山道を歩いてくるため、長靴を保管しておくものだ。ここでよそ行きの靴に履き替えて大きな街へ出かけるという寸法だ。まさしく駅が玄関なのである。

初回訪問　2003年8月26日

50位

佐《さ》久《く》広《ひろ》瀬《せ》

長野県
JR小海線

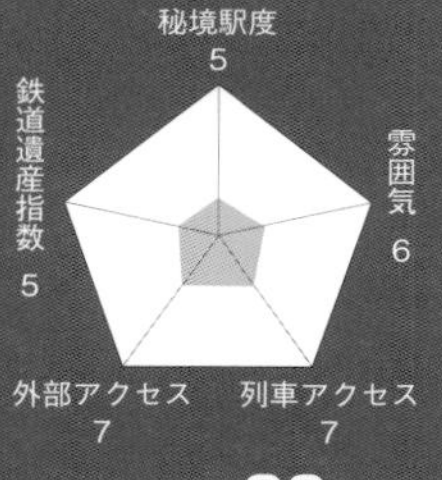

総合評価30

秘境駅DATA

所在地／長野県南牧村広瀬
開業年／1935（昭和10）年
乗降客数／不明

標高1073mの秘境駅

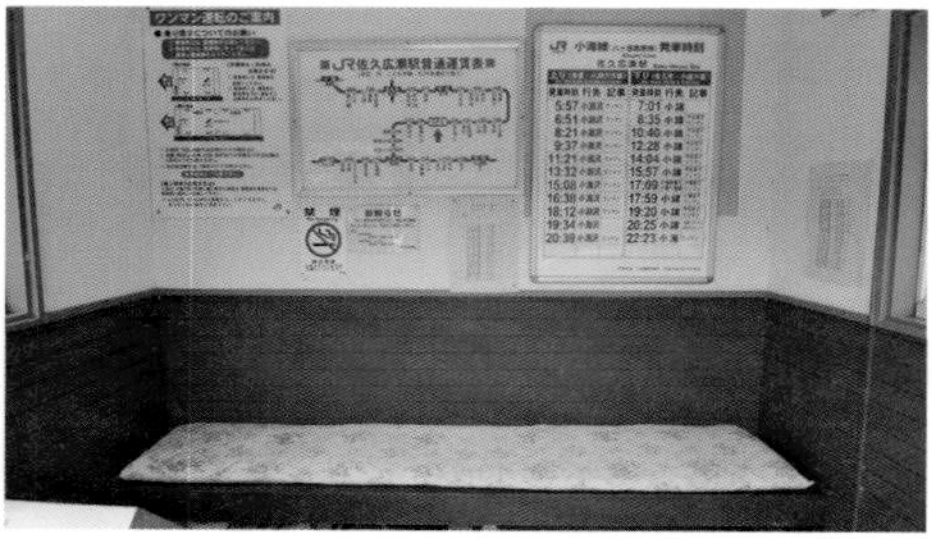

長椅子にぴったりサイズの“善意の座布団”に心温まる

有名なリゾート地に近い
隠れた秘境駅とは？

正面に千曲川を望む、小海線の小さな駅。標高1073mでJRの駅では5番目に高く、いわば最高所にある秘境駅だ。開業は1935（昭和10）年1月16日と古い。さすがに当時の駅舎は残されていないが、ホームの上に可愛らしい待合室がある。周囲は河岸段

三角屋根の可愛らしい待合室があるホーム

駅のすぐ脇まで水田が広がっている

ホームからは千曲川の流れが一望できる

観光路線・小海線の魅力は有名リゾート地だけではない

国道141号線からも遠く離れているのでとても静かな環境だ

丘（川の流れに沿って発達した階段状の地形）で小さな谷間になっており、人家はわずか数軒。ホームのかたわらにはわずかな水田と高原野菜を育む畑が広がる。両手を伸ばし、深呼吸をしながらゆっくりとホームを歩く。澄み切った青空から注ぐ日差しは強烈！　標高が高いため、ジリジリと肌が焼ける感覚だ。

散策を終えて待合室に入ってみる。つくり付けの椅子に善意の座布団、外から聞こえてくるのは川のせせらぎ……。狭い空間だがとても居心地が良い。近隣には清里や野辺山など有名なリゾート地が多いが、少しだけ足を延ばせば喧騒とかけ離れたのどかな世界があるのだ。

初回訪問　2003年8月26日

51位

初《はつ》野《の》

北海道
JR宗谷本線

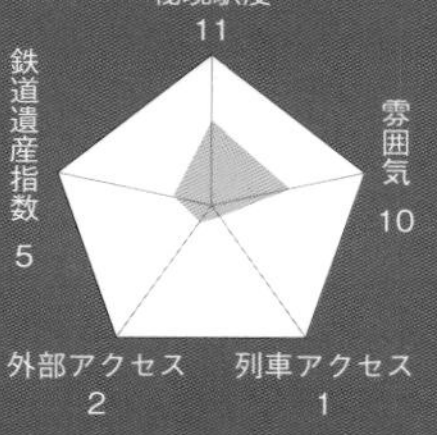

総合評価 29

秘境駅DATA

所在地／北海道美深町富岡
開業年／1948（昭和23）年
乗降客数／不明

まさに北海道の「ザ・無人駅」！

北海道のローカルな日常風景が広がる

原野へ伸びるレールの脇にそっと佇む板張りホーム。まさに北海道の「ザ・無人駅」といえる風景だ。その板張りホームも長手方向にスロープのある一般的な形状ではなく、ホームの背面にスロープが延びていた。すぐ脇に踏切があるため変則的な形状になっている。

駅名標だけは錆びついていた

いかにも北海道らしい原野が広がる

スロープは板張りホームの背面に延びている

少々味気ないプレハブの待合室がポツンと置かれている

草に覆われた駅名板も北海道の秘境駅らしさ

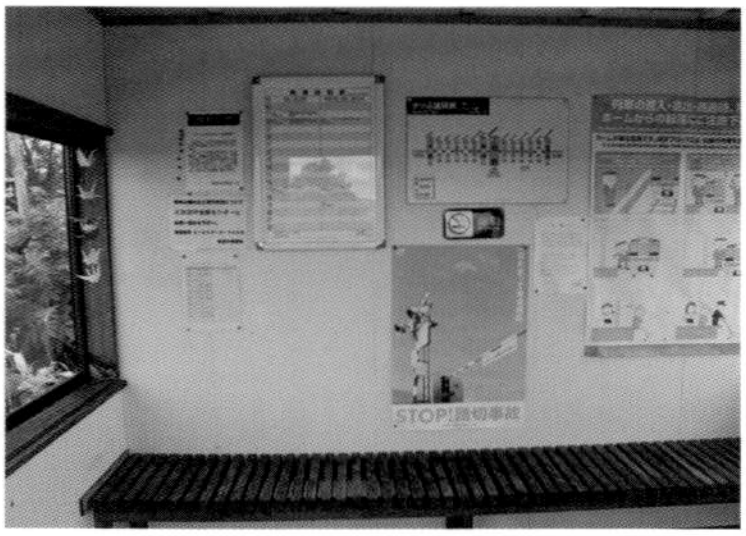

待合室内部。折り鶴の飾りにほっこりする

ただ、待合室は真新しいプレハブで少々味気ない。機密性の良いアルミサッシは隙間風対策に有効かもしれないが、板張りホームとのマッチングは今ひとつだ。

　こんな些細なことにもケチを付けたくなるほど、周囲は素晴らしいローカルな北海道の日常風景が広がる。人家はわずか数軒ほどが散在するにとどまり、目立った集落はない。当然ながら利用者は少なく、ここに停車する列車は、1日あたり下りが4本、上りは3本だけで、普通列車の一部は通過してしまう。隣は路線の主要駅である美《び》深《ふか》だが、街並みはあっという間に終わり、再びこのような駅に出合えるのである。

初回訪問　2014年6月22日

52位

智《ち》北《ほく》

北海道
JR宗谷本線

隣駅の南美深は2021（令和3）年3月をもって廃止された

プレハブの待合室がシンボルに

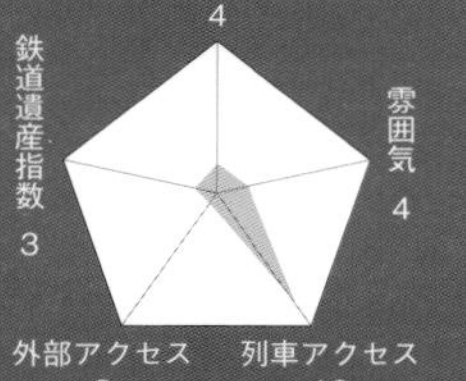

総合評価 29

秘境駅DATA

所在地／北海道名寄市智恵文智北
開業年／1959（昭和34）年
乗降客数／不明

山影にひっそり佇むスーパーハウスの駅

ここは仮乗降場として1959（昭和34）年11月1日に開設。その後一連の国鉄民営化により、87（昭和62）年4月1日に駅へ昇格した。さらに91（平成3）年11月1日、智《ち》恵文《えぶん》駅寄りに100m移設され、同時にキロ程も改められた。駅の構造は、1面1線の単式ホームに、

この近辺の無人駅には珍しい長めのホーム

再び訪れた時は待合室の正面に板張りがされていた（2012年撮影）

平成になってから智恵文駅寄りに移設された

工事現場で見かけるスーパーハウスのような待合室が乗っている。周囲に人家は見えず、背後に迫る山林の陰へ隠れるようにあるせいか存在感に乏しい。

列車が駅へ到着すると3人の乗客があったが、周囲に人家一つ見えないことから、おそらく雪の中を延々歩いてきたのだろう。待合室に入ると、まだ書き込みは少ない駅ノートが目についた。しかし、書いているうちに予定の列車がやって来たので慌てて乗車。書きかけが心残りである。続きを書きたくても、この北辺にある小さな駅に行く機会はなかなか訪れそうに無いからだ。

初回訪問　1999年12月11日

53位

瑞《みず》穂《ほ》

北海道
JR宗谷本線

新幹線と同じ名の秘境駅

以前の洒落た白い扉はガラス戸に変わっていた

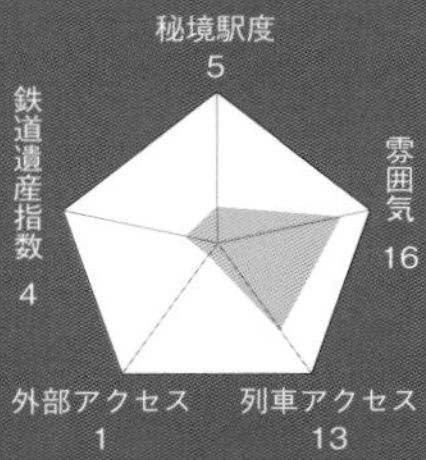

総合評価 29

秘境駅DATA
所在地／北海道士別市多寄町
開業年／1956（昭和31）年
乗降客数／不明

その名にふさわしい稲作地帯が広がる

新幹線の列車愛称と同名の駅といえば、山陽本線の「光」、八高線の「児玉」、弥彦線の「燕」、若桜鉄道の「隼」、福知山線の「谷川」、伊予鉄道の「古町」、中央本線の「土岐」、総武本線の「佐倉」（名鉄本線の「桜」も）などがあるが、いわゆる秘境駅にも存在する。

何ともいえない郷愁を誘う佇まいが一枚の絵のようだ

周囲に人家は散在しているが、かなり離れている

水田に向かうステージのような小さな板張りホーム

歴史を語る味のある駅名板

短い板切れホームはいたって質素な佇まい

それは宗谷本線の「瑞穂」という小さな駅だ。

周囲は広大な稲作地帯で人家は数軒、まさに駅名にふさわしい風情である。近くを国道40号線が通り車ばかりが目立つが、停車する列車は1日あたり上下4往復だけ。ほかの普通・快速列車の8往復は通過してしまうので、列車での訪問は上りと下りをうまく組み合わせるプランを立てたい。駅は板張りの短いホームに木造の待合室が何ともいえない郷愁を誘う。つくり付けのベンチに座って駅ノートを書いていると、花壇を舞っていた蝶がひらひらと迷い込んで来た。期せずして可愛らしい訪問客に心が和むひとときであった。

初回訪問　2001年1月1日

54位

奥新川《おくにっかわ》

宮城県
JR仙山線

特定都区市内の秘境駅

観光拠点の駅らしい写真付きの駅名標

ハイキングの行楽客しか利用しない駅

ここはJRの特定都区市内における「仙台市内」の駅である。山形県との県境に近い奥羽山脈の山間にあり、美しい渓谷を織りなす新川川《にっかわがわ》に面する。駅周辺に集落はなく、行楽客向けの食堂や売店が存在するだけに過ぎない。駅前から続く車道は国道まで7㎞ほどだ

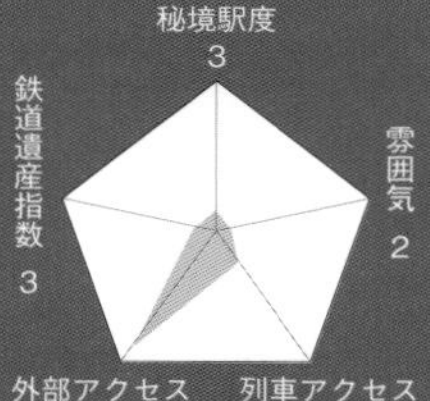

総合評価 29

秘境駅DATA

所在地／宮城県仙台市青葉区新川岳山
開業年／1937（昭和12）年
乗降客数／不明

奥羽山脈の山間にあり標高は374mに及ぶ

駅舎はコンクリート製のしっかりしたもの

駅周辺はレストハウスがあるだけ

周辺は生活感に乏しいが立派なゲートの駅舎

ハイキング拠点の駅らしく待合室は広め

が、大半は荒れた未舗装路で車での到達は困難である。そのため、冬季は積雪により通行が困難になることから、駅周辺を担当する郵便配達員は鉄道を利用して郵便物の集配を行っている。

駅の開業は1937（昭和12）年。仙台から延びてきた仙山東線と、山形から延びてきた仙山西線がここで手を結ぶかたちで駅がつくられた。当時は木材輸送で賑わい、国鉄職員が住む集落が形成され、人口も300人を数えたという。しかし現在では、この不便な山奥から人々は去り、ハイキングシーズンの行楽客が主な利用者となってしまった。生活感こそ失われたが、いつまでも「駅」として残ってほしいものだ。

初回訪問　2001年8月14日

55位

面白山高原《おもしろやまこうげん》

山形県
JR仙山線

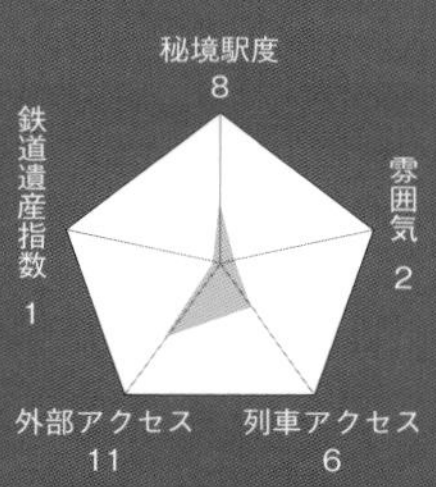

総合評価 **28**

秘境駅DATA

所在地／山形県山形市山寺面白山
開業年／1987（昭和62）年
乗降客数／不明

鉄道でしか行けないスキー場の駅

仙台方面には仙山線の工事で最後まで残された仙山トンネル（通称・面白山トンネル）のポータルが見える
（写真／坪内政美）

〝ゲレンデの中の駅〟として話題になったことも

　奥羽山脈を貫通する仙山線。全通したのは1937年（昭和12年）11月10日、最後に残った県境区間に面白山仮乗降場が新設された。1987（昭和62）年4月1日の国鉄分割民営化の際にも臨時駅とされ、翌年3月13日に正式な駅になった。周囲はスキー場とレストハ

駅のシンボルは正八角形の待合室。秘境というよりはスノーリゾートといった雰囲気だ

県境近くにあり奥新川駅（宮城県）の隣駅にあたる

ウスだけで、一般の人家はない。狭い車道こそ通じているが、除雪しないため冬季は通行止めになる。そんな背景からここは〝全国で唯一、鉄道でしかいけないスキー場〟として知られる。駅のホームでスキーを履いて、そのまま駅構内にあるリフト乗り場へ直行可能。まさに〝ゲレンデの中に駅がある〟という極めて特殊な構造になっている。仙台や山形の市街地から短時間で合理的なアクセスが叶う。しかし、肝心のスキー場はリフト故障や運営会社の移転等で2009年（平成21）から休止のまま。14（平成26）年3月15日に廃止された（臨）八ツ森駅のようにならなければ良いが……。

初回訪問　2000年2月20日

56位

西《にし》女《め》満《まん》別《べつ》

北海道
JR石北本線

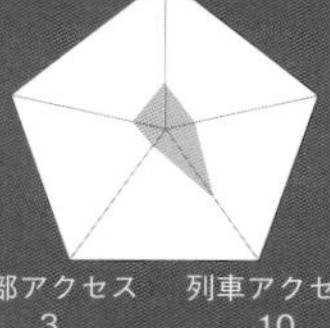

総合評価 27

秘境駅DATA

所在地／北海道大空町女満別本郷
開業年／1947（昭和22）年
乗降客数／不明

アクセス困難な空港最寄り駅

国道から離れ人家も直接見えないため、静かで落ち着いた雰囲気

空港アクセス駅になれない忘れ去られた駅

石北本線の美幌《びほろ》と女満別の間にある小さな駅。鬱蒼とした森林に囲まれていて目立たず、主要道からも遠く離れているため、静かな雰囲気である。人家は林を抜けたところに1軒の牧場と、先に続く道に数軒が点在するだけ。人通りもまばらで、人の営みさえ希薄な

空の玄関口へ近い駅だが、空港を利用する人はきっと知らぬに違いない

キャンプ場の小屋のような待合室

空港利用者はないが地元の学生たちでいっぱいだった

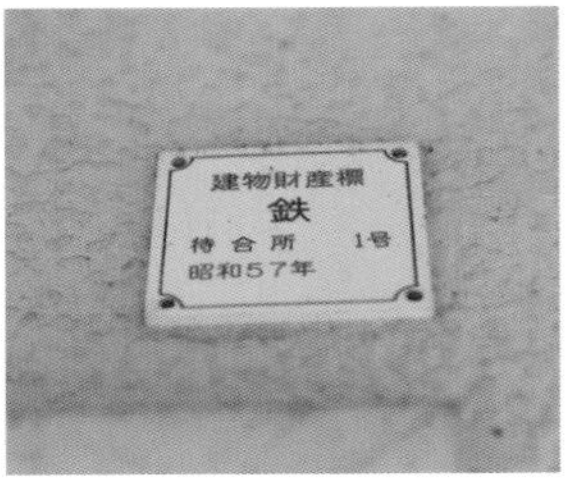

待合室の建物財産標には「昭和57年」と記されていた

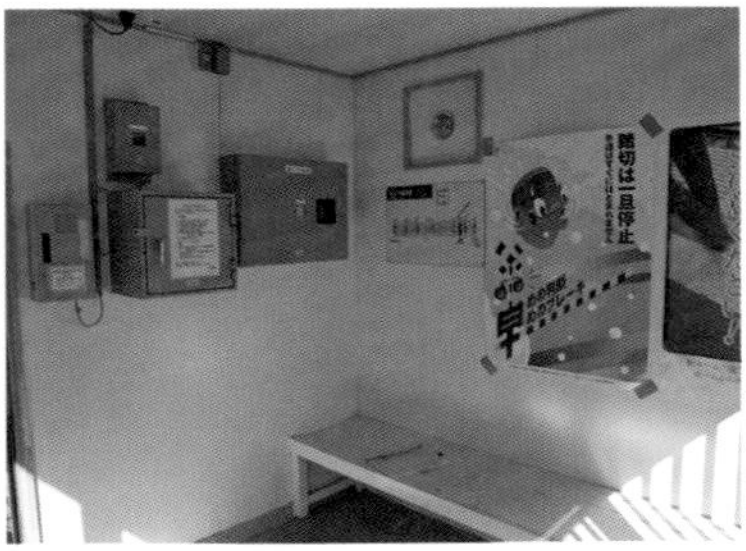

待合室はつくり付けの長椅子があった

ところだ。しかし、ここは女満別空港まで直線距離で800mという至近距離にある。空港アクセス駅と思いきや、森林に遮られて滑走路はおろか管制塔さえ見えず、本当に乗り継ぎができるのか不安になるだろう。結果的には2kmほど迂回するだけでたどり着けるが、かようなエキセントリックな旅行プランを立てて実行するのは、余程の変わり者に違いない。

　そんな心配をよそに早朝、通学生で混み合う普通列車がやってきた。こんな駅でも2人の学生が乗り込んだ。観光客でごった返す空港アクセス駅でなくても良い、地元の子たちに愛される駅であってほしいと願うのであった。

初回訪問　2001年3月11日

57位

大沢《おおさわ》

山形県
JR奥羽本線

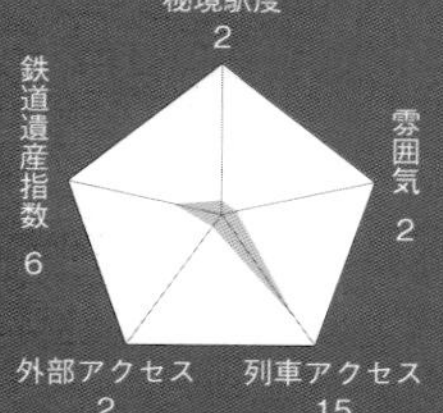

総合評価 27

秘境駅DATA

所在地／山形県米沢市大沢字大沢
開業年／1906（明治39）年
乗降客数／不明

4駅連続〃元〃スイッチバック駅

隣は峠の力餅で知られる峠駅

寂れてしまった かつてのスイッチバック駅

奥羽本線の福島・山形県境は険しい板谷峠をひかえ、1990（平成2）年9月1日の山形新幹線の開業まで赤岩、板谷、峠とこの大沢の4駅連続のスイッチバック駅であった。

薄暗いスノーシェッドはポイント等の設備を豪雪から守るために

スノーシェッドに覆われた薄暗いホーム

旧線のホームから構内踏切を渡って新駅へ向かう

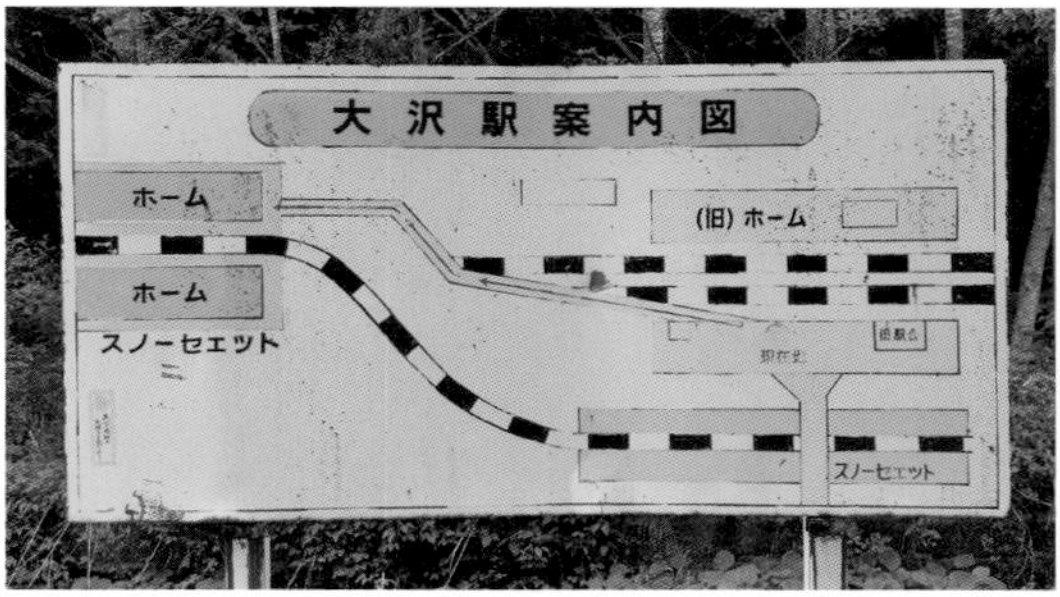

「スノーセェット」内ホームまでの案内板

錆に覆われ読み取ることが困難になっている旧線の駅名標

SL時代に活躍したレンガ積の給水塔が残されていた

設置されたものだが、新幹線を運行するための改軌工事でスイッチバックは解消され、スノーシェッド内にホームが移設された。駅は小さな集落の中にあるが、著しい過疎化によって人家は数軒ほどしかない。県道232号線こそ通じているが、道幅は狭く主要な国道13号線は栗子峠（万世大路《ばんせいたいろ》）を通るため通行量も少ない。もはや一帯は限界集落と化し、広い駅構内に打ち捨てられた多くの鉄道遺構もかつての賑わいをしのぶに留まる。時代の流れとは、繁栄の陰でかくも残酷な姿を晒すものだと痛感。このように人の目にとまりにくい風景こそが現実を映す鏡であろう。

初回訪問　2004年7月某日

58位

あぶくま

宮城県

阿武隈急行　阿武隈急行線

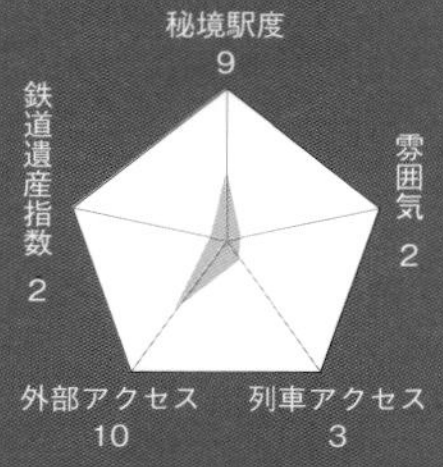

総合評価 26

秘境駅DATA

所在地／宮城県丸森町字廻倉

開業年／1950（昭和25）年

乗降客数／1日0人

陸の孤島につくられた観光駅

ひらがな名の駅名標は何やら可愛らしい

シーズンオフの観光駅に寂しさが募る

ここは第3セクター鉄道である阿武隈急行線の小さな駅。八角形の特徴的な駅舎は地域の産業と文化を伝える丸森町産業伝承館を兼ねている。眼下に阿武隈川の雄大な眺めを望み、急な坂道を3分ほど下ると阿武隈ライン舟下りの船着場がある。しかし、周囲に人家が

川下り船の観光客を待つだけの駅。1月という真冬に人が寄り付くはずも無い

眼下には雄大な阿武隈川の流れを望む

丸森町産業伝承館を兼ねた八角形の駅舎

オフシーズンでひっそりとした阿武隈川

無いため、駅の利用者は舟下りの乗客しかいない。国道は川の対岸を通っているが橋は無く、駅側は山肌を縫うような狭い道が立ちはだかる。いわゆる観光化のため意図して陸の孤島に設置したと思わんばかりだ。起点の福島からしばらくは街並みが続くが、阿武隈川に寄り添うとともに深い山間に入る。いくつかのトンネルを潜り抜けたところで停車。雪が降りしきるシーズンオフにこのような駅に降りるのは私一人だけ。奇妙な形をした屋根の産業伝承館も休館中で、もちろん観光客の喧騒もない。寂しさが募る気持ちへ追い討ちをかけるように、ほかの乗客の視線が痛々しく刺るのであった。

初回訪問　2002年1月2日

59位

松《まつ》草《くさ》

岩手県
JR山田線

奇妙な階段を上る高台の駅

待合室は新しいものに建て替わっていた

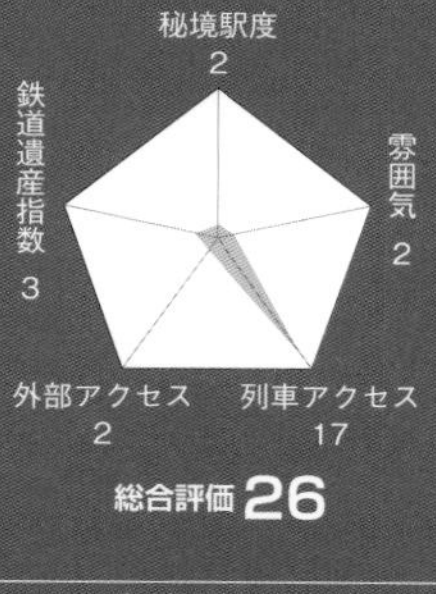

総合評価 26

秘境駅DATA

所在地／岩手県宮古市区界
開業年／1930（昭和5）年
乗降客数／不明

かつての山猿路線に新たな秘境駅

「総理はそんな山奥に鉄道を敷いて山猿でも乗せる気ですか」と1920（大正9）年の帝国議会で揶揄された山田線の敷設問題。これは、人家の少ないところに駅がある大志田や浅岸などを生み出す源泉になった。そんなことで喜ぶのは秘境駅訪問者ぐらいかも知れ

寒風に吹かれながらホームを歩く

駅は高台にあり、階段を下りると小さな集落に出る

高台の駅へ上がる屋根付き階段

電柱にかかる古い駅名標を発見

平衡感覚を失いそうになる独特な構造

ないが、列車本数の少なくなった今、ここに停まるのは1日あたり下りが2本、上りは3本だけ。もはや乗客の利便性を語る資格など無きに等しい。

開業は1930（昭和5）年10月31日。当時は盛岡から延びて来た路線の終着駅で、翌年の同日に隣の平津戸《ひらつと》駅まで延伸して途中駅になった。かつては相対式ホームの交換可能駅だったが、国鉄末期に交換設備が撤去され無人化されている。当時の痕跡は少なく、対面の離れた電柱にかかる縦型ホーロー駅名標に名残をとどめる。そして、奇妙な形の屋根付き階段を下りると小さな集落に出た。だが、そこは夜になっても人家の電灯はほとんど灯っていなかった。

初回訪問　2013年11月12日

60位

足《あし》滝《だき》

新潟県
JR飯山線

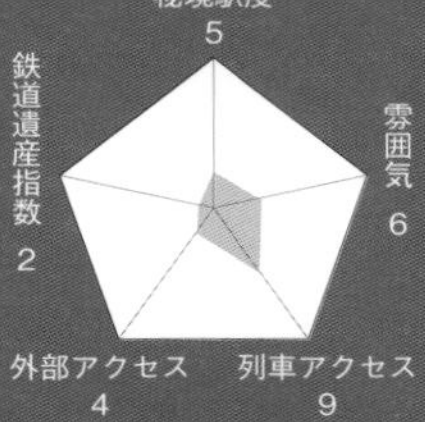

総合評価 26

秘境駅DATA

所在地／新潟県津南町上郷寺石
開業年／1960（昭和35）年
乗降客数／不明

高台のホームから雄大な信濃川を望む

ひっそりとした山間に潜む美しい秘境駅

長野・新潟県境の新潟県側に位置する、人家10軒ほどの静かな山村。どの家も豪雪に備えた高床式の構造を持っている。駅は人家の間をすり抜け、狭く急な坂道を上がった場所にあるため、まったく人目につかない。足滝駅は1937（昭和12）年に飯山鉄道の足滝臨

ホームは単式1面1線の簡易なつくり

小さな集落の上にあるひっそりとした駅

駅から坂道を下ったところに祠があった

駅の眼前をゆるやかに流れる信濃川

待合室内部にはつくり付けの木製の椅子があり駅寝に最適

時停車場として開設。その後、国鉄飯山線に変わり、10数年経った60（昭和35）年7月15日に正式な駅になった。

忘れてしまいそうな小さな駅だが、高台のホームからは雄大な信濃川を遠望する。ちなみにこの川、長野県側は千曲川、新潟県側は信濃川と呼ばれる日本最長の河川である。国道は対岸を通るため、こちらはとても静か。心なしか虫の声もきれいに聞こえる。日もとっぷりと暮れ、駅へ戻るところで思わず立ち止まった。林の中のホームは絶妙なバランスで配置され、駅の灯りが幻想的に照らしている。洗練された美しさに思わず息を呑んでしまった。

初回訪問　1999年11月20日

61位

伊《い》那《な》小《こ》沢《ざわ》

長野県
JR飯田線

信州に一番早い春を伝える駅

ホームからは天竜川を望み開放感がある

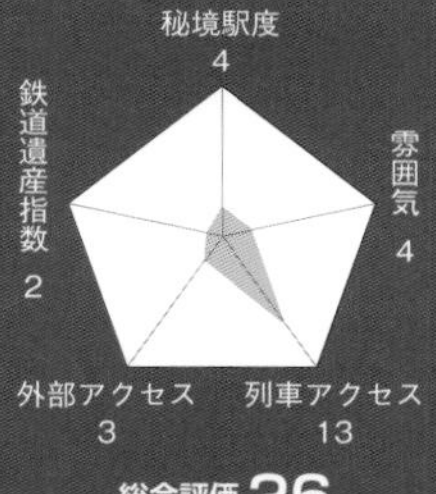

総合評価 26

秘境駅DATA

所在地／長野県天龍村平岡
開業年／1936（昭和11）年
乗降客数／1日2人

春を告げる早咲きのヒガンザクラ

南北に212㎞もある長野県。その最南部に伊那小沢という小さな駅がある。県内の新聞社や放送局は、春が近くなるとこの駅の様子を気にかけるという。構内にある10本ほどのヒガンザクラは信州で最も早咲きと知られているからだ。そのため、毎年3月下旬にな

列車交換駅で2面2線の相対式ホームを備える

ベンチが置かれただけの上りホームの待合スペース

立派なコンクリート橋が架かる天竜川

ヒガンザクラのシーズンになると賑わう駅もふだんはひっそりとしている

保線用引込線には作業車が留置されている

ると一斉に報道各社が訪れ、開花の話題をニュースでとりあげる。

　そんな話題の駅も、ふだんは閑静そのもの。天竜川に寄り添う急傾斜地にあるが、列車交換駅のため、狭い立地ながらも2面2線の相対式ホームを備える。そこから望む天竜川は谷が開けているせいか川幅が広く、コンクリートの立派な水神橋が目立っている。しかし、人家は遠くに数軒見えるだけ。およそ人影を見ない山里は高齢者ばかりが残され、一帯には悲壮感が漂う。高地ばかりでうすら寒い県内に春を伝える重要な使命を担うが、この駅に〝真の春〟がやってくるかどうかは懐疑的である。

初回訪問　2009年6月18日

62位

辛《から》皮《かわ》

京都府
京都丹後鉄道 宮福線

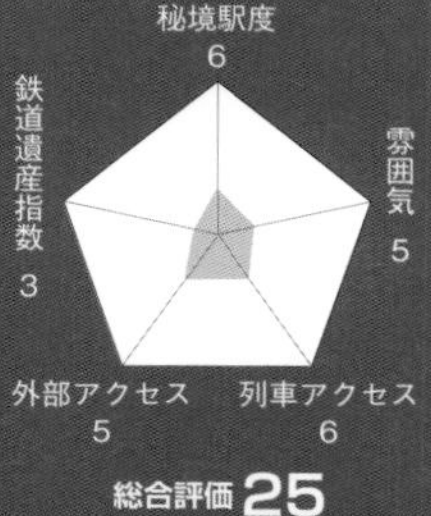

総合評価 25

秘境駅DATA

所在地／京都府宮津市小田
開業年／1988（昭和63）年
乗降客数／1日2人

新設の第3セクターにある秘境駅

舞鶴市・宮津市・福知山市の境界付近に位置する

心の奥底に眠っていた原風景に癒される

この駅は1988（昭和63）年7月16日、宮福鉄道（現・京都丹後鉄道）宮福線の駅として開業した。周囲は人家が数軒ほどしかない小さな山里。地図の上でも舞鶴市・宮津市・福知山市の境界付近の山の中に位置しており、利用客は極めて少ない。

人家もまれな山間にある駅に、爽やかな朝が訪れようとしている

駅は尾根を切り崩した高所にあるため、ホームからの見晴らしは最高だ

外界から通じる狭く屈曲した道路はほとんど車が通らない

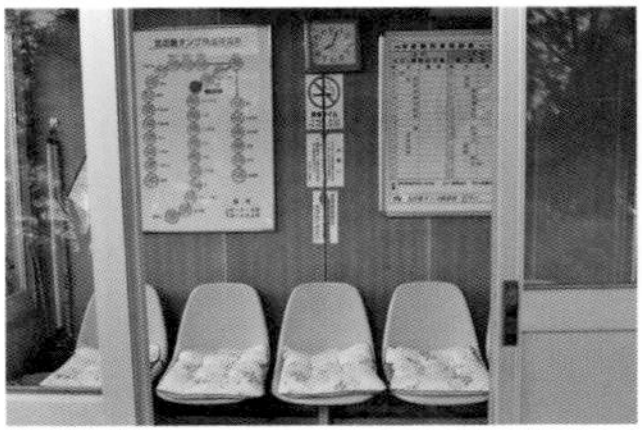

小さいながらも密閉性の高い待合室が備わっており、なかなかの居心地

周囲には人家が7〜8軒が散在するだけ

駅は尾根を切り崩した高所にあるため、ホームからの見晴らしは最高だ。谷間に散在する日本家屋、実り豊かな水田、これぞニッポンの故郷を思わせる印象的な風景が広がっている。ただ、駅の東側に京都縦貫自動車道が通っていて、時折行き交う車の騒音が残念なところだ。駅は1面1線の片側ホームしかない単純なものだが、こぢんまりとした待合室がある。室内には駅ノートも備えられ、全国から訪れた鉄道ファンの足跡でいっぱいだ。周りに何も無い、ただの田舎かも知れないが、心の奥底に眠っていた原風景に癒されてゆく。旅の原点とは、遠い昔の記憶をたどるものなのかも知れない。

初回訪問　2001年11月16〜17日

63位

一《いち》の《の》渡《わたり》

岩手県
三陸鉄道 リアス線

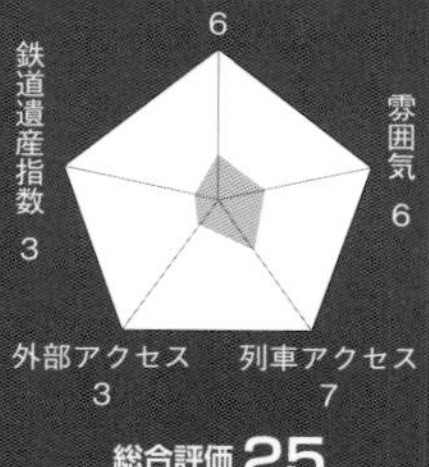

総合評価 25

秘境駅DATA

所在地／岩手県宮古市崎山
開業年／1972（昭和47）年
乗降客数／1日5人

森の中にある「うぐいすの小径」

駅名標はフレームこそ国鉄時代のものだが、観光化を意識したデザインである

深い森に溶け込むような駅

第3セクターの三陸鉄道リアス線の駅で、両側は長いトンネルに挟まれた山間にある。周囲に人家は3軒しかなく、外界からのアクセスも国道側から進むに連れて深い森林に入り薄暗くなってゆく。この先、本当に駅が存在するのか疑わしい不安感に襲われるほどだ。

「うぐいすの小径」の愛称が付けられた深い森の中の駅

一の渡駅のホームは築堤上にある

道路から地下道を抜け、階段を上がるとホームに出る

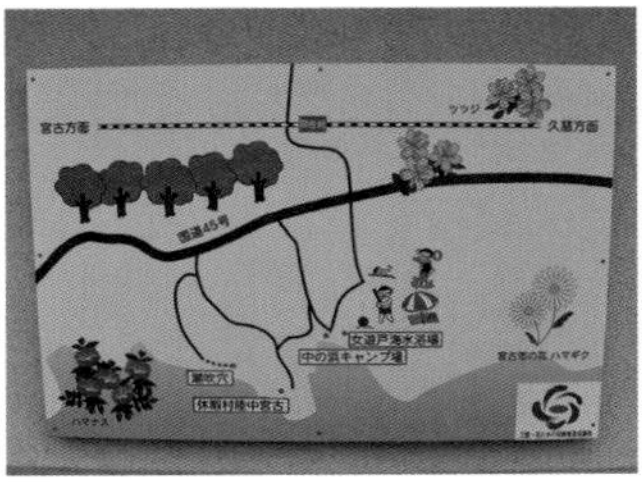

観光案内板に記された海岸までは3kmほどの距離

やけに細長いホーム中央の待合室

駅の生い立ちは1972（昭和47）年2月に旧国鉄宮古線の駅として開業。その後、84（昭和59）年4月に三陸鉄道へ転換された。当初は路線の起点である宮古駅の隣にあったが、2010（平成22）年10月、山口団地という新駅が間に開業した。駅の構造は、列車交換設備を持つ1面2線の島式ホームに小さな待合室が備わる。高低差がある地形のため、ホームは地下道と階段で結ばれている。辺りは人も車も通ることはまれで、もはや信号場の役割しか果たしていない。静かな駅が深い森の中に溶け込み、どことなく世間から取り残されたような風情であった。

初回訪問　2000年7月22日

64位

峠下《とうげした》

北海道
JR留萌本線

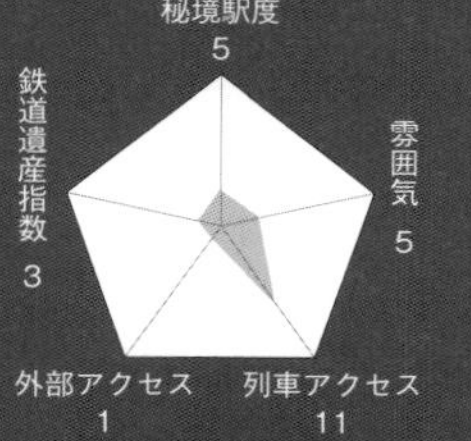

総合評価 25

秘境駅DATA

所在地／北海道留萌市留萌村峠下
開業年／1910（明治43）年
乗降客数／不明

大きな駅舎が寂寥感を誘う

「ほろぬか」を上貼りした跡が見える駅名標

木材の積み出しで賑わったかつての主要駅

深川〜増毛間の66・8㎞を走る留萌本線。本線を名乗るには比較的短い路線だが、かつては、札沼《さっしょう》線（石狩沼田〜新十津間）、羽幌《はぼろ》線（留萌〜幌延間）のほかに、いくつもの炭鉱線が分岐していた。沿線で産出される石炭や、増毛・留萌からは鰊《にしん》をはじめとする水産物の

木材の集積地として栄えた当時がしのばれる

千鳥式に配された相対式2面2線のホームに渡る構内踏切

現在は保線要員の詰め所となっている駅舎

古い駅舎が取り壊されずに残されたことは幸運である

ガランとした駅舎にはきっぷの販売窓口の跡が残されている

輸送など、今の衰退した姿からは想像できないほど賑わいを見せていた。

そんな面影をひっそりと残す峠下駅。1910（明治43）年に開業し、古い木造駅舎と相対式ホームを持つ比較的大きな駅だ。木材の集積地として栄え、広い構内といくつもの側線から、多くの貨物列車が発着していたことがしのばれる。しかし、十年ほど前に数軒ほどあった人家も廃屋となり、無住地になってしまった。板張りの簡素な駅とは違い、規模が大きいだけに落差も大きく、一帯には得もいわれぬ寂寥感が漂っている。

初回訪問　2000年1月2日

65位

早《はや》戸《と》

福島県
JR只見線

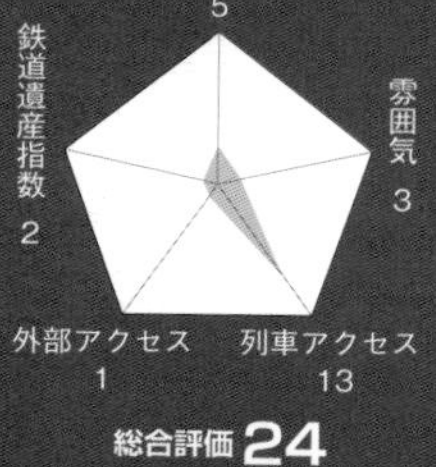

総合評価 24

秘境駅DATA

所在地／福島県三島町早戸字小沢巻
開業年／1956（昭和31）年
乗降客数／不明

ゆったりと流れる只見川を見つめて歩んだ駅

駅から約800mのところに湯治場としても知られる早戸温泉がある

人だけでなく
駅にも時間が流れている

ゆったりと流れる只見川のほとりにある小さな駅。周囲に人家はなく、集落からも離れているため、独り寂しげに佇んでいる。その川面に向かう後ろ姿に、学校のテストで悪い点を取った日の少年時代を思い出した。

そんな駅の開業は1956（昭

只見線は2022年10月に全線復旧したばかり

ゆったりと蛇行する只見川のほとりにある小さな駅

眼前を流れる只見川。この日は晴れていたが朝霧に霞む風景も格別だ

会津若松方面に見える早戸トンネル

2007年に作られたコンクリート製の待合室

和31）年9月20日。かつては沼沢湖方面から採取された硫黄鉱石を運ぶ貨物列車が発着していたという。そんな賑わいも昔話となり、2007（平成19）年の冬には薄青色の木造駅舎も解体されてしまった。跡地にはコンクリート製の小さな待合室が建てられ、時代の流れに逆らえないもどかしさを感じる。あの時もっと勉強すれば良かった、運動会の徒競争で転ばなければもっと自信を持てたはずだ……。人生は後戻りできないのに後悔ばかりしている。駅だって立派な駅舎に人々が集まった頃を懐かしんでいるのだろう。時代は流れてもここから眺める風景は変わることなく、駅は今日も静かに川面を見つめている。

初回訪問　2001年7月20～21日

66位

海《かい》路《じ》

熊本県
JR肥薩線

秘境駅度 3
雰囲気 5
列車アクセス 8
外部アクセス 5
鉄道遺産指数 3

総合評価 24

秘境駅DATA

所在地／熊本県芦北町海路
開業年／1952（昭和27）年
乗降客数／運休中

風に揺れる菜の花に心癒される

「KAIJI STATION」の文字が妙に洒落て見える

川辺にひっそりと佇む穏やかな駅

日本三大急流の一つ、球磨川沿いに位置する駅。しかし、目の前に見える川面は、少し離れた下流にある瀬戸石ダムによって堰き止められ、湖を思わせる。周囲に人家は見えないが、本流へ注ぐ小川が形成した谷間に、7～8軒の民家が寄り添いながら存在している。国道

川沿いの菜の花に彩られた小さな駅はとても絵になる

ホームにはトタン屋根の待合スペースがあるのみ

目の前に見える球磨川の川面は、瀬戸石ダムによって堰き止められ湖のように広がる

言われないと気づかないような小さな駅の小さなホーム

は対岸を走っているため、駅前の狭い車道に通る車は少なく、実に閑静な雰囲気だ。

開業は1952（昭和27）年6月1日。人吉機関区へキハ41000形気動車を配置、運転を開始したことに基づいて設置された。これは、ホームが短く乗降客の少ない駅へ長い編成の蒸気機関車の列車を停車させることが難しいため、短編成の気動車だけを停車させる特殊な形態であった。当時から利用者が少ないことを裏付けるように誰もいない無人駅。それでも春先には菜の花がかすかな風に寄られながら流浪の旅人を温かく迎え、心の奥底から癒やしてくれる。

初回訪問　2000年5月10日

※2008年3月撮影。海路駅は「令和2年7月豪雨」による被災のため運休中。

67位

塩《しお》狩《かり》

北海道
JR宗谷本線

古き良き鉄道駅の佇まいを保っている

明治時代にはあの悲しい事故も

小説の舞台の駅は雰囲気満点！

1909（明治42）年2月28日の夜、列車が峠の急坂を登りつめたときのこと。突如、最後尾の客車の連結器が外れて、その客車だけが後退し始めた。暴走する客車。声も無く恐怖に怯える乗客。その車両に乗り合わせていた鉄道員の長野政雄はブレーキをかけたが停

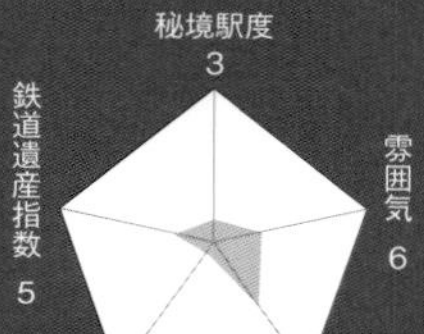

総合評価 24

秘境駅DATA

所在地／北海道和寒町字塩狩
開業年／1924（大正13）年
乗降客数／不明

ちょうど峠のピークに位置する静かな駅

和寒（わっさむ）町では駅の保存維持活動を行っている

小説の舞台となった塩狩峠。駅近くには慰霊碑が設けられている

広々とした待合室はベンチが置かれているだけ

まらず、とっさの判断で線路に身を投げ出して客車の下敷きとなり、暴走を食い止めた。列車は転覆を免れ、乗客は無事に助かった。彼は自らの命を犠牲にして大勢の乗客の命を救ったという。

　塩狩駅は三浦綾子の実話小説『塩狩峠』の舞台であり、ちょうど峠のピークに位置する静かな駅だ。ホームは相対し、互いが斜めに配置されている千鳥形式。古い木造駅舎も健在で、古き良き鉄道駅の雰囲気を保っている。人家は無く、塩狩ヒュッテと塩狩峠記念館があるだけ。宿泊するにはこの塩狩ヒュッテがいいだろう。

初回訪問　2014年6月22日

68位

小《こ》滝《たき》

新潟県
ＪＲ大糸線

総合評価 23

秘境駅DATA

所在地／新潟県糸魚川市小滝字尾巻
開業年／1935（昭和10）年
乗降客数／1日4人

今はなき気動車を懐かしむ

旅人を和ませる雰囲気を演出する

木造駅舎とキハ52の絶妙なマッチング！

小滝駅がある大糸線の糸魚川〜南小谷間はＪＲ西日本に属し、この区間は非電化で、往年の気動車キハ52形が運転される最後の路線になった。駅の開業は１９３５（昭和10）年12月24日。当時から建つ木造駅舎と古いディーゼルカーとのマッチングは、懐かしい昭和の鉄

開業当時から建つ青い屋根の木造駅舎

木造駅舎と古いディーゼルカーとのマッチングが懐かしい（2009年撮影）

別名「暴れ姫」の流れが一望できる

構内には給水塔の残骸らしきものが残されている

ホームは構内踏切のある狭い島式タイプ

道風景を伝えるものだった。

駅前には国道が通り、水力発電所の建物もあるが、人家はたったの1軒だけ。脇を流れる姫川は、ゴツゴツとした大岩が多く、何だか異様な光景をさらしている。姫川は別名「暴れ姫」と呼ばれ、たびたび大規模な土砂災害をもたらして来た。大糸線も例外ではなく、1995（平成7）年7月11日に、中土、北小谷、平岩の各駅とその周辺が土石流の災害に遭い、ここが一時的に終着駅の役割を果たしたこともある。しかし、今では列車を交換していた線路は、無残にも剥がされてしまった。こうして合理化のもと、線路がやせ細っていくと思うと複雑である。

初回訪問　2000年8月5日

69位

ひらんだ

静岡県
大井川鐵道　井川線

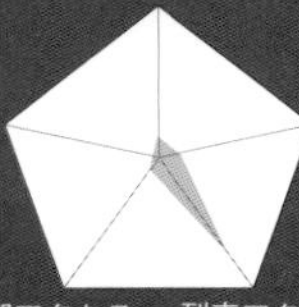

総合評価 23

秘境駅DATA

所在地／静岡県川根本町犬間
開業年／1990（平成2）年
乗降客数／1日1人

カヌー競技者で賑わう新駅の歴史

しっかりした土盛りのホームにひらがなの駅名標が立つ

ダム湖に沈んだ先輩の駅をしのぶ

大井川鐵道の井川線に「ひらんだ」という小さな駅がある。漢字では「平田」と書くが、難読のため駅名は平仮名としたそうだ。国道の山側に数軒ほどの人家を見るが、駅は200mほど下った湖のほとりにあって人家は無い。その湖とは、長島ダムによってつくられた人

ダムの底には役目を終えた川根唐沢駅が沈んでいる

ダムによってつくられた人造湖のほとりにある駅

駅の利用者は皆無に近いがカヌーを漕ぐ若者の声が響いていた

駅の背後を登った山側には小さな集落がある

造湖の接岨《せっそ》湖だ。ここは奥大井接岨湖カヌー競技場になっており、時折、若者がカヌーを漕いでいる姿が見られる。

駅の開業は1990（平成2）年10月2日と新しく、先の長島ダムによる路線付け替えによって生まれた。ダムの湖底には新駅が開業して役目を終えた川根唐沢駅が沈んでいる。1959（昭和34）年に開業し、周辺で産出される木材の輸送でたいそう賑わったそうだ。狭い山側へ貼り付いたような平田の集落は水没を免れたが、駅とともに唐沢集落は水没した。そこは現在の駅からやや南方に位置するというが、湖中を潜水する以外に到達する術はないだろう……。

初回訪問　2011年10月22日

70位

細《ほそ》岡《おか》

北海道
JR釧網本線

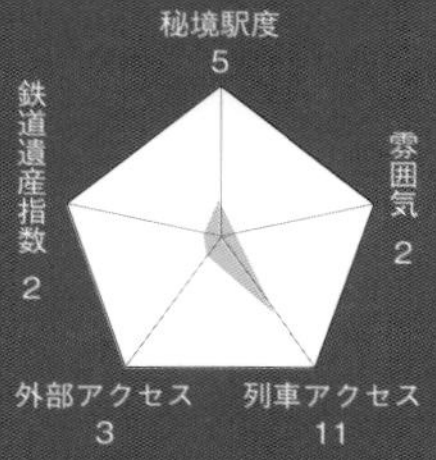

総合評価 23

秘境駅DATA

所在地／北海道釧路町字達古武
開業年／1927（昭和2）年
乗降客数／不明

有名な湿原の駅、の隣駅

湿原を訪れる観光客の大半は隣の釧路湿原駅で降りてしまい人の気配が無い

不毛の湿原に かつての繁栄を思う

ここは道東の観光路線で名高い釧網本線にあり、釧路湿原にほど近いところにある。しかし観光客の大半は同名の細岡展望台を近くに控える隣の釧路湿原駅で降りてしまい、ここはあまり人気が無い。駅前にある人家は酪農を営んでいたようだが廃業したようだ。さら

ノロッコ号が走るが降りる観光客はいない

誰もいない林に溶け込むログハウス調の駅舎は絵になる

観光シーズンに訪れてもひっそりとしている細岡駅

厳しい自然に晒された駅名板はいまにも朽ち果てそうだ

に、地元の集会所と思わしき細岡会館があるが、利用される様子もなく寂れていた。それでも釧路湿原の観光化を促進する流れで待合室はログハウス調にリニューアルされている。

駅の開業は1927（昭和2）年9月。73（昭和48）年2月に貨物・荷物取り扱いが廃止、さらに84（昭和59）年2月に無人化されている。衰退の歴史といえども、この不毛な湿原にもかつては多くの人々で賑わっていたのだろう。鉄道が敷かれる前は釧路川の水運に頼っていた物資の輸送を一手に引き受けていた時代を回想しながら、誰もいないホームを彷徨《さまよ》うのであった。

初回訪問　2001年8月12日

71位

津《つ》軽《がる》湯《ゆ》の《の》沢《さわ》

青森県
JR奥羽本線

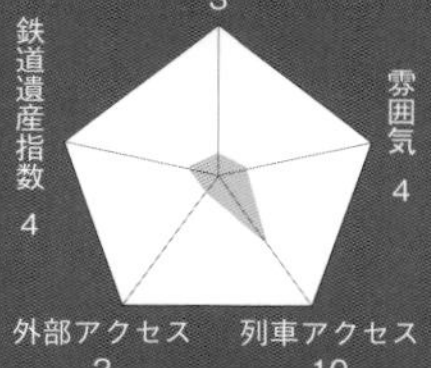

総合評価 23

秘境駅DATA

所在地／青森県平川市碇ヶ関折橋
開業年／1949（昭和24）年
乗降客数／不明

同名の秘湯はなくなったが駅は健在

隠れた名湯で知られた同名の温泉はすべての旅館が廃業となった

秘境駅訪問の合間に立ち寄れる秘湯の思い出

奥羽本線、青森・秋田の県境の青森県側にある小さな駅。周囲は山深く、駅から直接人家が見えないためか、にわかに秘境感が漂う。近くに国道7号線が通っているために車の騒音が懸念されたが、駅前を流れる沢の音で見事に打ち消し合い、意外に気にならないもの

ホームは駅舎から階段を上がった築堤上にある

2面のホームは意外と長く、長大編成の客車列車時代をしのばせる

駅から人家は見えないため、得もいわれぬ秘境感を漂わせていた

鉄道林に囲まれた砂利敷きの広場にポツンと木造駅舎が佇んでいる

駅舎の待合室は広く、つくり付けの椅子幅は約60cmと快適

であった。やはり自然の力は素晴らしいと素直に感じてしまう。

鉄道林に囲まれた木造駅舎の内部はまさに無音の境地で、雪深い季節には自らの鼓動さえ聞こえてきそうな雰囲気だ。さらにつくり付けの椅子もたっぷりとした幅を持ち、快適な滞在時間を過ごすことができよう。同名の津軽湯の沢温泉は、駅からおよそ3km余り離れたところにかつて旅館が3軒あり、硫黄の強い、隠れた名湯で知られていた。秘境駅訪問の合間に秘湯へ浸りに行くのも旅のいい思い出となるだけに、温泉の廃業が惜しまれる。

初回訪問　2000年9月30日

72位

波《は》田《だ》須《す》

三重県
JR紀勢本線

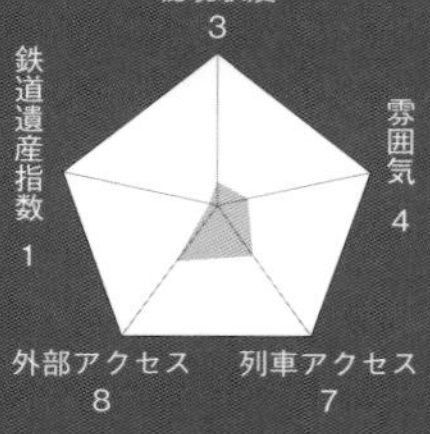

総合評価 23

秘境駅DATA

所在地／三重県熊野市波田須町
開業年／1961（昭和36）年
乗降客数／1日28人

名の由来は秦の始皇帝の時代の伝説

駅は高台にあり、集落はここより上に存在する

徐福伝説が残る悠久の歴史を感じる駅

　ここは紀伊半島を一巡する紀勢本線にある。この辺りは複雑な地形をしたリアス式海岸で、駅の両側はトンネルに挟まれている。そのため、鉄道が開通する前の交通手段は船舶しか無かったという。車道もまた、国道311号線から細いつづら折れのような道が延々と

海が見え、両側をトンネルに挟まれ、俗世間から
隔絶された空間が広がる　（写真／牧野和人）

太平洋を望む絶好のロケーション

風光明媚といった言葉が良く似合う素晴らしい景色が広がる

駅から徒歩10分ほどにある「徐福の宮」

続いているに過ぎない。周囲の人家は10数軒ほどで、急峻な山肌へ貼り付くように点在している。

波田須駅の名称には歴史的に深い意味がある。中国が秦《しん》と呼ばれた時代、徐福《じょふく》は始皇帝の命を受け、不老不死の妙薬を求め航海へ出た。しかし途中で嵐に遭い、志半ばで命からがらここへたどり着く。そして地元の人の看護で回復した彼は帰国を諦め、その恩に報いるように土木や農耕の技術を伝えた。以来、ここは、「秦（はた）の人が住（す）む地」とされ、それが地名の由来となった。そそり立つ絶壁が、世間から隔絶されたような雰囲気を漂わせるが、南の島を思わせるような、実にのどかな場所である。

初回訪問　2001年8月5日

73位

表《ひょう》木《き》山《やま》

鹿児島県
JR肥薩線

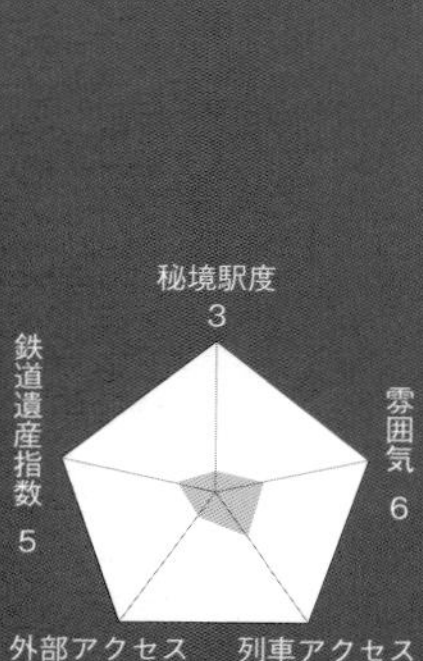

総合評価 **23**

秘境駅DATA

所在地／鹿児島県霧島市隼人町嘉例川
開業年／1920（大正9）年
乗降客数／不明

誰も降りず、誰も乗らない〝元〟本線

ホームは割と長いが、停車する列車はほとんどが単行だ

山間の小駅に
往年の姿が垣間見える

ここは１９１６（大正５）年９月11日、列車同士の行き違いを行うための信号場として設置され、４年後に駅へ昇格した。周囲の人家はわずか数軒。主要道からも遠く離れ、実にのどかな雰囲気だ。

現在は純然たるローカル線として知られる肥薩線だが、開業当時

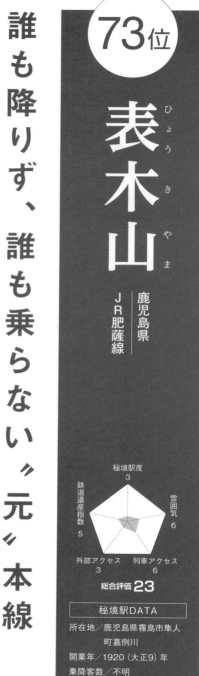

古い木造駅舎は失われて久しいが、駅構内は当時の姿を残している

信号場として開設されたこの駅は、今もなおその役割ぐらいしか果たしてない

隼人方面ホームは簡易な待合スペースがあるのみ

駅の待合室はこの地区に多く見られるスケルトンタイプ

は日本列島を結ぶ大幹線の鹿児島本線だった。長い編成の列車は多くの乗客や貨物を満載し、大層な賑わいを見せたはず。古い木造駅舎は失われて久しいが、駅構内は当時の姿を残している。S字状に大きくカーブした線路に長いホーム。列車待合のひととき、ここに多くの乗客が降りてくつろいだことだろう。当時の姿に思いを馳せながら、ゆっくりとした歩みで自然とのふれあいを楽しむ。しばらくして、エンジン唸らせて2両ばかりの列車が入ってきた。車内にはたくさんの学生が乗っている。けれども、誰も降りず誰も乗らない。ここはミステリアスな魅力にあふれている。

初回訪問　2001年5月10日

74位

浜田浦《はまたうら》

北海道
JR日高本線

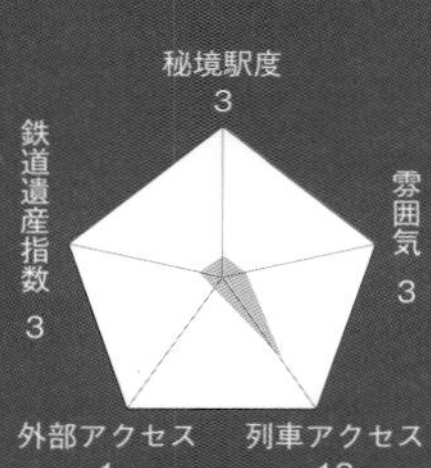

総合評価 22

秘境駅DATA

所在地／北海道むかわ町田浦
開業年／1959（昭和34）年
乗降客数／不明

原野の中に建つブロック造りの待合室

駅の周囲は果てしなく続く勇払原野

ここは、苫小牧駅を起点とする日高本線の3駅目にある。周囲は雄大な勇払《ゆうふつ》原野の真っ只中といった感じで、遮る障害物といえるものが何も無いような非常に見通しの良いところだ。すぐ脇に交通量の多い国道235号線が通っているため静かではない。それでも目

当たり一面果てしなく続く原野の中に
ポツンと小さな駅がある

待合室はブロック造りの簡素なもので、扉も無く、吹き抜ける風でほこりまみれとなっている

駅から海岸までは
500mほどの距離

立った人家もほとんど無く、駅の利用者はどのような形態で利用しているのだろうか。後から得た情報によると近くにドライブインらしきものがあるそうだが所在がつかめなかった。

ホームは片面1線で2〜3両が停まれる程の長さだが、この手の駅に多い板張りホームではなく、土盛りの砂利敷きタイプである。さらに、待合室は開業当時（昭和34年）から建っているものと思われる古いもので、扉も無く電灯も点いていないという、すさまじく不気味なものであった。内部にはベンチらしきものがあるが、吹き込んだ風に運ばれてきた砂塵によってほこりまみれで、とても座る気にはなれない代物であった。

初回訪問　2001年1月3日

75位

浜厚真《はまあつま》

北海道
JR日高本線

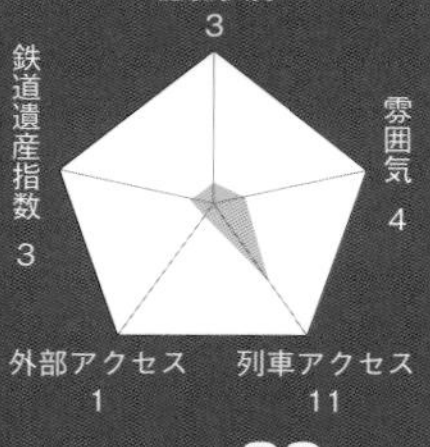

総合評価 22

秘境駅DATA

所在地／北海道厚真町字浜厚真
開業年／1913（大正2）年
乗降客数／不明

町の中心から外れた町唯一の鉄道駅

駅名は錆びで涙していた

フェリー乗り場に近い原野の中の駅

太平洋沿いに走る日高本線は、苫小牧から様似《さまに》までの146・5㎞を結ぶローカル線。その起点からわずか2駅の浜厚真駅はとても都市近郊とは思えない立地にある。周囲に人家は数軒ほど点在するが、辺り一面広大な原野が広がっている。近隣は苫東厚真《とまとうあつま》火力発電

厚真町唯一の鉄道駅だが辺り一面広大な原野が広がっている

シンボルツリーとともに駅舎跡の基礎が残っていた

町の中心からほど遠い駅にようやく迎えの列車がやってきた

塗り替え前の旧駅舎（2013年撮影）

所や石油備蓄基地などがあり、住宅地には向かないのかも知れない。さらに、敦賀・新潟方面へのフェリー埠頭（東港）も２㎞ほどで、徒歩30分程度でアクセスできる。

そんな日高本線だが、２０１５（平成27）年1月8日に高波による土砂災害が起こり、さらに同年9月12日の台風17号で被害が拡大して鵡川《むかわ》～様似間が不通になり、21（令和３）年に正式に廃止された。辛うじてこの浜厚真駅は列車の運行は続けられているが、厳しい経営状態にあるＪＲ北海道は自力復旧を断念し、廃止の意向を示した。支援が得られるか不透明だが、駅にとって明るい将来は望むべくもない。

初回訪問　２０１３年11月14日

76位

平《ひら》津《つ》戸《と》

岩手県
ＪＲ山田線

そしてきれいな待合室だけが残された

細い字体のせいか、何となく物悲しい駅名標だ

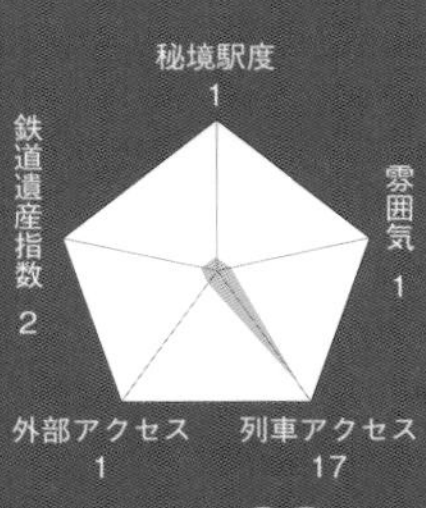

総合評価 22

秘境駅DATA

所在地／岩手県宮古市平津戸
開業年／1931（昭和6）年
乗降客数／不明

１日５本の列車のために建てられた待合室

ＪＲ山田線の平津戸駅は国道１０６号線沿いにあり、車やオートバイだと簡単にアクセスできる。だが、ここに停車する列車は下りが２本、上りは３本しかなく鉄道での訪問は非常に困難である（現在はすべて通過）。

駅の開業は１９３１（昭和６）

2015年の再訪問時には1日5本のダイヤだったが、2022年3月、ついに全列車の通過が決定した

木造のデザインこそ取り入れてはいるものの無機質な印象

行き止まりの側線も見ることができる

草ぼうぼうの貨物用側線でも駅のプライドだ

待合室は小ぶりで新しいものになり内部もきれい

年。当時は終着駅だったが、その後は路線の延長に伴い途中駅になった。かつては交換可能な相対式ホームのほか引き込み線を備え、さらに蒸気機関車の方向転換のための転車台もあったが、もはやその面影も見ることはできない。無人化後の木造駅舎に商店が入って営業を続けていたが、駅舎の解体とともに廃業してしまった。跡地には小ぎれいな待合室が建っているが、現代的で無機質な風情は否めない。いや、それでも駅として認められていることに感謝すべきかも知れない。なぜなら、1時間間隔でやってくるバスがあるのに、1日に5本しか来ない列車のために建てられたのだから。

初回訪問　2009年7月29日

※平津戸駅は2022年3月より休止中。

77位

相《あい》月《づき》

静岡県
JR飯田線

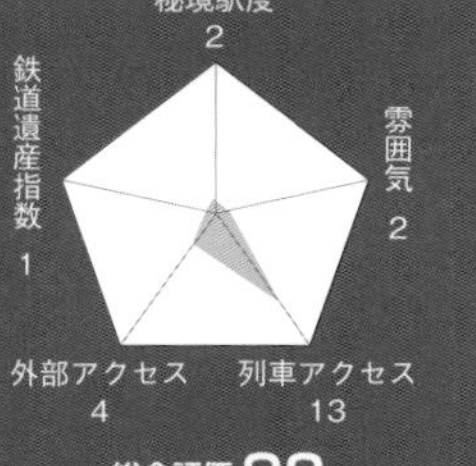

総合評価 22

秘境駅DATA

所在地／静岡県浜松市天竜区佐久間町相月
開業年／1955（昭和30）年
乗降客数／1日15人

長大トンネルの脇にある怖い駅

隣駅に行くにはどちらも長いトンネルを通過する

迂回ルート上に誕生したトンネルに挟まれた駅

この駅は佐久間ダム建設によって迂回ルートが完成した1955（昭和30）年11月に開業した。前後をトンネルで挟まれており、1面1線のホームしかない。すぐ脇は全長3619mの峰トンネルが真っ黒な口を開け、ダムのある佐久間駅へ抜けられる。電車ではわずか

山間の斜面にある1面1線のホームが寂しげに佇む　（写真／坪内政美）

地域住民と思しき人たちが数人降りていった

トンネルを抜けると、相月駅の先にまた次のトンネルが待っている

数分のことだが、道路は大きく迂回しており、20分近くを要する不便なところ。かような場所ゆえに集落はなく、わずか数軒の人家がそそり立った崖地にへばり付いているに過ぎない。

この駅には夕刻以降に立ち寄るのは避けよう。なぜなら「幽霊が出る」という噂があるのだ。渓流釣りを楽しんできたとある人が豊橋行きの電車に乗り遅れてしまい、ホームで待っていたときのこと。いつのまにかホームの端に男性が立っているのを見たという。「こんにちは」と声をかけたが、男性の顔を見るなり煙のように消えてしまい、立っていた辺りには動物の毛のようなものが落ちていたらしいのだ……。

初回訪問　2004年6月頃

78位

大滝《おおたき》

山形県
JR奥羽本線

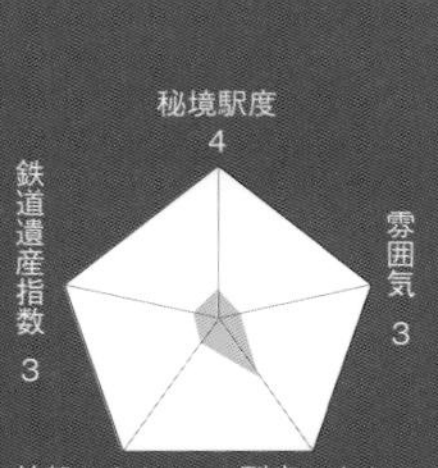

総合評価 21

秘境駅DATA

所在地／山形県真室川町大滝
開業年／1941（昭和16）年
乗降客数／不明

秘境化の引き金となった大惨事

現在、列車の交換はできなくなっている

土石流に襲われた秘境駅のいま

ここはかつて山形・秋田方面のメインルートであった奥羽本線にある。1912（大正元）年に信号場としてのスタート。林業が盛んな頃には集落もでき、41（昭和16）年9月20日に旅客駅になった。その後、林業は衰退の一途をたどり不便な山間の地を離れる人も続出

コンクリートのホームは半ば野に還っていた

線路は道路より低い位置にあるため、2階から駅舎に入り1階ホームに降りる構造

1日4本の町営バスが運行している

新しい駅舎の待合室。以前は委託のおばちゃんが駅を守っていた

したが、それでも人々は残された生業で懸命に生きてきた。しかし、駅の周囲に人家は1軒しか無く、とても不自然な状況に見える……。

時は75（昭和50）年8月6日、山形県県北部を襲った集中豪雨により、駅のすぐ際にあった50軒ほどの集落が折からの土石流により一瞬にして壊滅してしまった。被害は甚大で、犠牲者も少なくなかった。このような経緯から人々は去り、一帯は不毛地帯となってしまったのだ。秘境駅になる理由は様々だが、このように大規模な自然災害が引き金になることもある。駅だけでなく、周辺地域の事情にも想いを馳せてしまう今日この頃である。

初回訪問　2002年1月3日

79位

驫《とどろ》木《き》

青森県
JR五能線

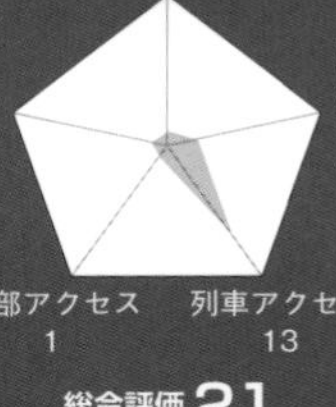

総合評価 21

秘境駅DATA

所在地／青森県深浦町大字驫木字扇田
開業年／1934（昭和9）年
乗降客数／不明

知名度は抜群の絶景駅

名の通り波の音がとどろき渡る駅だ

キンキンに冷えたビールがよく似合う秘境駅

日本海沿岸を走る五能線にあり、その名のごとく「とどろく海鳴り」を体感できるのが驫木（とどろき）駅だ。駅近くの人家はわずかに1軒、荒れ狂う海から鉄路を守る防波堤の上に、小さな駅が佇んでいる。

駅の開業は1934（昭和9年）

荒れ狂う海から鉄路を守る防波堤の上に佇んでいる小さな駅

駅から海が見えるというより、海しか見えない

秘境だがポスターや映画にも登場した絶景駅でもある

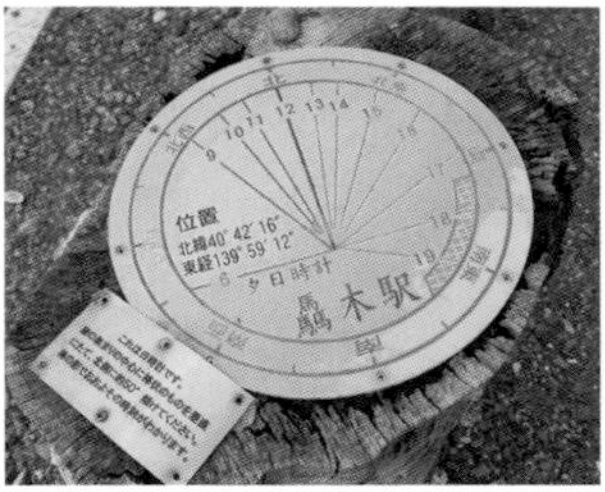

駅は夕日の名所で、夕焼け暦と夕日時計がホームに置かれている

長いベンチが置かれた待合室

12月13日。当時からの古い木造駅舎が幾多の風雨、時化《しけ》のときには荒波のしぶきを被りながら、この厳しい自然の中でふんばっている。そんな風景を車窓に観光列車「リゾートしらかみ」が走っているが、この駅はあっけなく通過していく。それだけに雑踏がなく、ゴミの山に埋もれることもない。私は安易な観光化など環境破壊を引き起こすものと思っている。それだけに、ここは真に旅が好きな人だけに残された場所なのだ。黄昏時に沈む太陽を眺めながら、今日を締めくくるビール。ホームのベンチに座り、スルメでもかじりながら、じっくりと味わおう！

初回訪問　２０００年7月20日

※2022年8月の大雨の影響で五能線 深浦～鰺ケ沢駅間は運休中（2022年11月現在）。

80位

瀬《せ》戸《と》石《いし》

熊本県
JR肥薩線

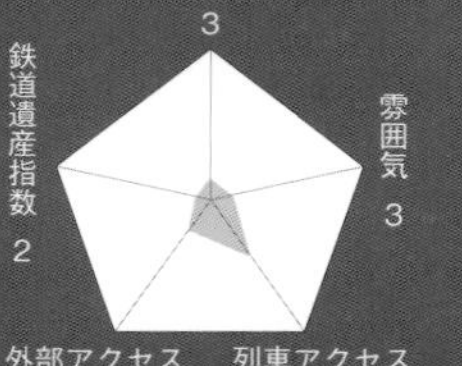

総合評価 **21**

秘境駅DATA

所在地／熊本県八代市坂本町川嶽瀬戸石
開業年／1910（明治43）年
乗降客数／運休中

球磨川を望むのどかな駅の復興を願って

アスファルトに覆われただけの何もない駅前広場

渡し船が行き交う のどかな駅を襲った悲劇

肥薩線の球磨川の縁にある小さな駅。集落は対岸にあるが、対岸へ渡る橋は川幅が広く急流のため、2㎞近くも離れている。そのため、駅の利用者の一部は渡し船でやってくるという、全国的に見ても非常に珍しい利用形態だ。

そんなのどかな雰囲気の駅だが

目の前を流れる球磨川。ふだんは湖のように穏やかだ

1面2線を有する島式ホーム。外国人観光客も多かったのか行き先はローマ字併記されている

またこの駅を列車が行き交う日を待ち望む

何度も水害を乗り越えてきた波乱万丈の瀬戸石駅

1965（昭和40）年7月3日、集中豪雨によって球磨川が大氾濫を起こし、怒涛のような濁流に列車ごと流され、開業当時からの駅舎は失われた。その後、鉄筋の駅舎へ再建されたが、82（同57）年7月に集中豪雨による水害で再び大きな被害を受け、以来この地に駅舎は建たなくなってしまった。そして2020（令和2）年7月4日、集中豪雨による球磨川の氾濫により、またしてもホームごと流され、駅は壊滅状態となってしまったのだ。波乱万丈の歴史をつぶさに見て来た瀬戸石駅が三度目の復活を果たし、再びのどかな風景に戻ることを願う。

初回訪問　2008年3月21日

※2008年撮影。瀬戸石駅は「令和2年7月豪雨」による被災のため運休中。

81位

伊勢鎌倉《いせかまくら》

三重県
JR名松線

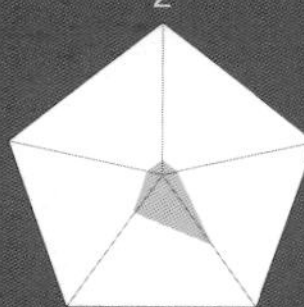

総合評価 21

秘境駅DATA

所在地／三重県津市美杉町八知
開業年／1935（昭和10）年
乗降客数／1日12人

計画変更により生まれた山間駅

待合室には大きな屋根が設けられ雨に濡れる心配はなさそうだ

廃線騒ぎから復活した奇跡の秘境駅

名松線は起点の松阪から終点の伊勢奥津《いせおきつ》まで43・5㎞の盲腸線だ。名称通り計画では名張と結ぶ予定だったが、参宮急行電鉄（現近鉄）の開通により建設意義を失った。そこで当時旺盛だった森林重要に目を付け、地元政治家の力で台高山地を貫くかたちで奥津

山に囲まれた小さな水田を望むのどかな駅

1面1線のホームに小さな待合室を有する

山間だが駅から10分ほどのところに集落がある

郵便ポストの形状と似た青色のきっぷ回収箱

待合室内部には傘の貸し出しも

へレールが曲げられた。数奇な運命に翻弄された路線は、人口希薄地帯を走るため利用者は少ない。

終点の伊勢鎌倉は、3駅手前の伊勢奥津から1面1線のホームにささやかな待合室が建っている小さな駅だ。周囲に人家は3軒ほどしかなく、主要道はトンネルによってバイパス化され、近くを通る人も車もほとんど無い。ホームから見下ろす山間の水田がのどかな風景を作る。当駅を含む家城《いえき》～伊勢奥津間は、2009（平成21）年10月18日の台風18号の風災害で休止され、一時は廃止の検討もされたが、16（平成28）年に無事、運行再開された。

初回訪問　2001年6月頃

82位

塔《とう》のへつり

福島県
会津鉄道 会津線

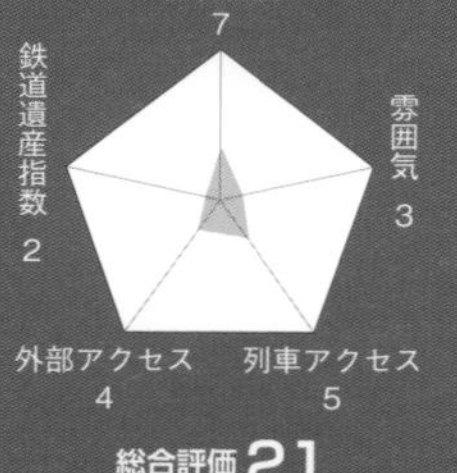

総合評価 21

秘境駅DATA

所在地／福島県下郷町弥五島下夕林
開業年／1988（昭和63）年
乗降客数／1日15人

大きなこけしが出迎える名勝の最寄り

駅名標には「奇岩が招く藤娘」と書かれている

林の中にひっそりと隠れている観光駅

ここは林の中にひっそりと隠れている駅だ。１９６０（昭和35）年、国鉄会津線の仮乗降場として行楽時期のみ営業されていたが、69（昭和44）年に廃止された経緯を持つ。その後、19年の歳月を経て88（昭和63）年、第3セクターに移管された会津鉄道の正式な駅と

2002年に東北の駅百選に選ばれた林の中の駅　(PIXTA)

ホームの片隅に佇む巨大こけし

奇岩怪石が塔のように並立する国の天然記念物・塔のへつり

野口英世が描かれた「ふるさと列車」

観光地らしい雰囲気のある駅のゲートだが夜間は少し不気味

三角屋根の小さな駅舎。ここから名勝までは徒歩10分足らず

して再び開業した。

木々に遮られた林の中で周囲に人家は無いが、実態は国の天然記念物の「塔のへつり」に由来する観光駅である。凝灰岩《ぎょうかいがん》の岸壁が阿賀川（大川）によって侵食され、塔が並んでいるような独特な景観を見せる名勝だ。ちなみに「へつり（岪）」とは川に迫った崖や急斜面を指すこの地の方言だ。

駅は林の入口にある茅葺きの山門をくぐった先で、山小屋のような待合室がある。カーブした線路に寄り添う一面のホームには、大きな〝こけしのオブジェ〟が建っている（現在は撤去）。夜間に訪れた時は不気味な存在感を放ち、監視されているようで怖かった……。

初回訪問　1999年11月20日

83位

江《え》田《だ》

福島県
JR磐越東線

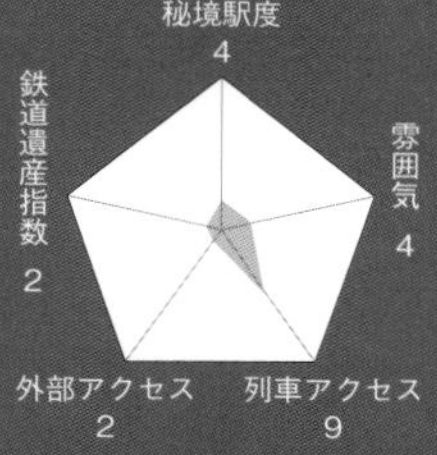

総合評価21

秘境駅DATA

所在地／福島県いわき市小川町上小川字江田
開業年／1948（昭和23）年
乗降客数／不明

時刻表に載らない〝幻の駅〟だった

駅名標にはゆうゆうあぶくまラインと磐越東線の愛称も書かれる　（写真／菅野 徹）

スイッチバックのあった仮乗降場の現在

ここは山に挟まれた渓谷の駅。周囲の民家は10軒あまりで、商店が1軒あるが、すでに営業していない様子。初夏や秋の紅葉のシーズンには夏井川渓谷を訪れる人々で賑わったという。しかし、東日本大震災による原発事故の影響で、周辺住民の心も冷え切ってしまっ

県道から階段を上がった高台にあるホーム

駅前には夏井川渓谷の観光案内板があるがレジャー客の姿は見えなかった

たのか、屋外のレジャー活動はほとんど行われていないようだ。

駅は1948年（昭和23）年10月1日、江田仮乗降場として開業。63（昭和38）年7月に信号場になったが旅客扱いは続けられた。長らく時刻表に載っていない〝幻の駅〟として、周辺地域と鉄道ファンのみに知られる存在だった。その後、87（昭和62）年4月の国鉄民営化の際に正式な駅になっている。常磐炭田が操業していた頃、石炭を満載した貨物列車が内陸の郡山方面へ急勾配を登るため、ここでスイッチバックを行っていた。だが、今は痕跡を見つけ出すことが困難なほど自然へ還っている。

初回訪問　2006年6月5日

84位

比《ひ》羅《ら》夫《ふ》

北海道
JR函館本線

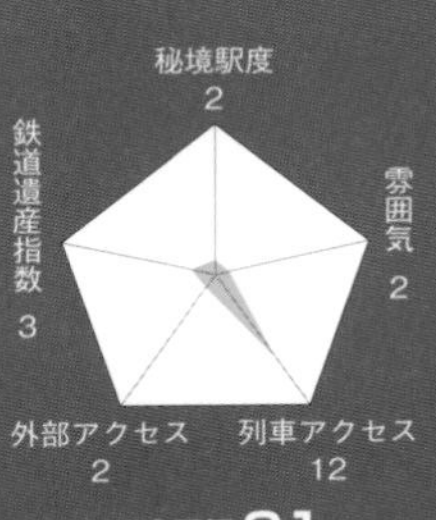

秘境駅DATA

所在地／北海道倶知安町字比羅夫
開業年／1904（明治37）年
乗降客数／不明

泊まれる秘境駅として唯一無二の存在に

雪に埋もれる駅名標

日本で唯一 駅舎が民宿の駅

函館本線を長万部から小樽を経由して札幌へ抜ける通称「山線」。雄大な羊蹄山やニセコアンヌプリを望む風光明媚な路線だ。スキーシーズンに賑わうニセコ駅と羊蹄山の麓に広がる市街地の倶知安《くっちゃん》駅との間（13・7㎞）に比羅夫という小さな駅がある。観光地はもとよ

ひらふの集落にアクセスする方法は無く、周辺には原野が広がるばかり

宿泊施設付きの駅舎。脇には離れのコテージもある

駅の待合室の奥は「駅の宿ひらふ」。皆に可愛がられた駅猫は2013年に旅立った

雪の中をやってきた列車の乗降客はゼロ

ホームの反対側は民宿の入口

"日本一探しやすい宿"がキャッチフレーズのひらふ

り国道からも離れ、駅の周りの人家はわずか数軒の秘境駅だ。

始まりは1904（明治37）年、北海道鉄道の一般駅として開業した。その後、国鉄の駅へと変わるが、82（昭和57）年には早くも無人化。さらに後年には交換設備も廃され、1面1線の棒線駅という凋落の道をたどった。ところが、駅舎が健在だったのが幸いし、これを民宿に改装してから息を吹き返した。有名な観光地でなくてもコアな宿泊者で賑わうようになった。丸太をくりぬいた丸木風呂に入れることと、ホーム上でジンギスカンを味わえる宿として、いまや多くの鉄道ファンから羨望の眼差しを浴びている。

初回訪問　2010年2月14日

85位

銀《ぎん》山《ざん》

北海道
JR函館本線

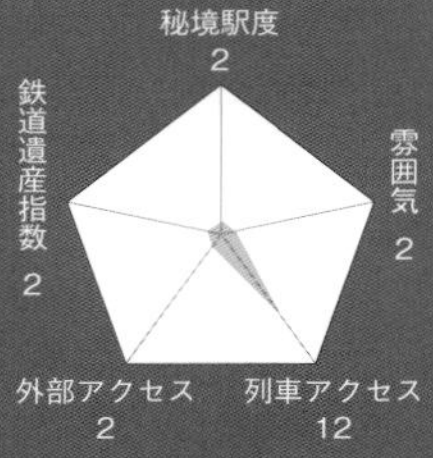

総合評価 20

秘境駅DATA

所在地／北海道仁木町銀山
開業年／1905（明治38）年
乗降客数／不明

大正時代には銀鉱石の運搬で繁栄

駅名は、付近に銀を産出する鉱山があったことからつけられた

丘の上にひっそりと佇む秘境駅

通称「山線」といわれる長万部～小樽間にある丘の上の小さな駅。駅舎は比較的新しく、豪雪地帯に見られるとんがり屋根の特徴的なものだ。駅から階段と坂道を下りて行くと10軒ほどの集落に入るが人通りはほとんど無い。

かように静かな山間の駅だが、

丘の上に建つ一軒家のような佇まい

人々が忙しく行き交っていた時代が想像つかないほどの静けさに包まれている

近くに10軒ほどの集落があるが人気はほとんど無い

待合室の壁には訪れた人のメッセージが貼られていた

2面2線を持つホームだが、片面は砂砂利が敷かれている

駅舎は比較的新しく、豪雪地帯らしい特徴的な屋根を持つ

開業は１９０５（明治38）年1月29日と古く、実に１２０年近い歴史を持っている。13（大正２）年頃、赤井川村に開坑した明治鉱山から国富鉱山製錬所（隣の小沢駅近く）へ銀鉱石を運搬するため、当駅下まで馬車軌道を敷設。さらに、軌道終点から当駅構内積込場まで索道が設置された。それが銀山という駅名の由来である。その後、72（昭和45）年に映画「男はつらいよ 望郷篇」で以前の駅舎がロケに使われたこともあったが、次第に人々は去っていき、今日の姿になった。丘の上から望む風景はかつての繁栄を望むべくもないが、ふんわり想像するだけでも豊かなひとときを過ごすことができる。

初回訪問 ２０１４年11月3日

86位

千《ち》曳《びき》

青森県
青い森鉄道

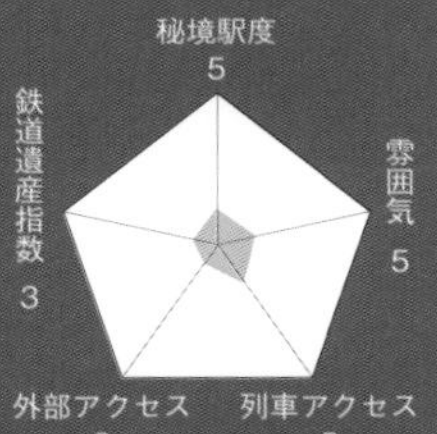

総合評価 **20**

秘境駅DATA

所在地／青森県東北町字千曳
開業年／1910（昭和43）年
乗降客数／8人

路線名にふさわしい緑に包まれた駅

複線へ寄り添う2面2線の長い相対式ホーム

鉄道林に挟まれ 小鳥のさえずりが心地良い

東北地方のメインルートとして永年活躍してきた東北本線。やがて時代は流れ、東北新幹線の開通により人々の往来時間は飛躍的に短縮された。しかし、八戸延伸によって盛岡～八戸は第3セクターとなってしまった。さらに残された分家（八戸～青森）も、２０１０

両側を鉄道林に遮られ森の駅といった雰囲気だ

緑の中を轟音とともに貨物列車が駆け抜けていく

周囲に人家は無く、ホームがすっぽり森の中に隠れているようだ

待合室は上下線ホームにそれぞれある

待合室の椅子は幅が狭く、駅寝の寝床には厳しい

（平成22）年12月の新青森への延伸によって同じ運命をたどることになる。

この千曳駅も、いま現在の〝本線の駅〟というイメージとは裏腹に、周囲に人家はまったく無い。複線へ寄り添う2面のホームは、両側を鉄道林に遮られ、まるで森の駅といった風情である。ホームをオーバークロスする車道を通る車は少なく、脇には清廉な沢が流れ、心地よい水音が辺りに響く。撮影を終えて小さな待合室に入って休んでいると、機関車のホイッスルとともに、貨物列車の地響きと轟音が辺りを席巻した。ここは貨物にとってはまだまだ主役の路線なのであった。

初回訪問　2000年7月21日

87位

青井岳《あおいだけ》

宮崎県
JR日豊本線

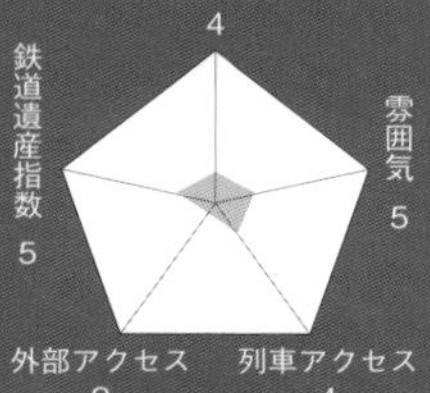

総合評価 20

秘境駅DATA

所在地／宮崎県都城市山之口町山之口
開業年／1916（大正5）年
乗降客数／不明

緑に囲まれた〝あおいだけ〟の駅

鉄道が生きている素晴らしさを再確認

周囲は深い山中にあり、駅名のとおり〝あおいだけ〟の場所だ。人家は数軒ほどしか無く、主要道からも遠く離れるため、生活や車の音もほとんど聞こえてこない。跨線橋の上からは長く弧を描いた島式ホームを眺望する。側線には保線用の工事・資材運搬車両などが

駅名のとおり、駅の周囲は「青いだけ」

駅構内は、列車交換や保線用の側線を備えているのでかなり広い

南国らしく緑に覆われた待合室

島式のホームへは跨線橋を渡る

ふだんは普通列車しか停まらないローカル駅だが、最近では「36ぷらす3」が観光停車するようになった

駅前は閑散としているが、近くに国民宿舎があり休日は観光客の姿も

配備され、線路保守のための重要な拠点になっているようだ。

撮影していると初老の男性が現れた。彼は幼少の頃ここで育ち、駅前は遊び場だったという。30年ぶりに訪れたとのことで、当時の懐かしい話をうかがうことができた。しばらくして新型の817系電車が鉄橋の音を響かせてやってきた。私は先進的なデザインの新型車両を無粋に思っていたが、彼は「鉄橋を渡る音は今も昔と同じ」と微笑む。思わず私は衝撃を受けた。そんな贅沢を言うもんじゃない、次世代へ向けて進化しているではないか！　こうして鉄道が生きている素晴らしさを改めて噛みしめるのであった。

初回訪問　2000年5月8日

88位

桂根《かつらね》

秋田県
JR羽越本線

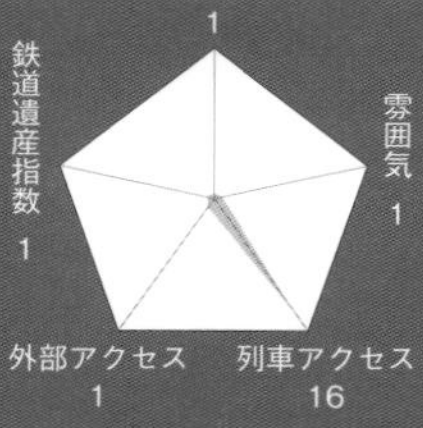

総合評価 20

秘境駅DATA

所在地／秋田県秋田市下浜根字浜添
開業年／1987（昭和62）年
乗降客数／不明

県庁所在地に近い秘境駅

海岸まで歩いて10分ほどだが列車で行くにはいささか困難だろう

秋田駅からわずか3駅目に鉄道記念物が

秋田駅からわずか3駅目の駅。県庁所在地に近いため列車本数こそ多いが、停車するのは下り3本、上りは4本しか無い。しかも列車での到達は、秋田への通勤通学を想定したダイヤのため、朝夕しか乗降のチャンスは無く困難である。周囲は海から上がった高台だが、

かつては2面のホームを有していた

短い土盛りホームの延長につくられた仮設の板張りホーム

鉄パイプ組みの簡素なホーム

待合室は工事現場などで見かけるプレハブ小屋

松林に阻まれて見通しはいまひとつ。人家はホームの裏手に20軒ほどの集落があり、国道にも近いため秘境という風情には欠ける。

駅は信号場の機能を有する2面2線で、5mほどの土盛りホームの延長は鉄パイプで組まれた仮設のホームになっていた（訪問当時）。待合室は小さなプレハブ小屋というシンプルなもの。それでも、「秋田第一号鉄道飛砂防止林」という、1921（大正10）年10月に黒松を植林した我が国最古の鉄道林があり、鉄道記念物に指定されている。こんな重要な物件が、まさか秘境駅にあるとは驚いた。海なんて見えなくてもいいから、いつまでも鉄道を守って欲しいものである。

初回訪問　2000年9月30日

※2015年撮影。

89位

南《みなみ》今《いま》庄《じょう》

福井県
JR北陸本線

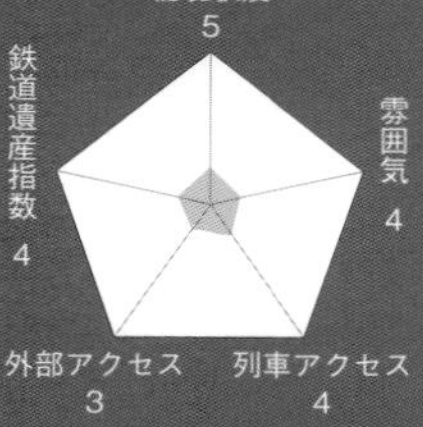

秘境駅DATA

所在地／福井県南越前町南今庄
開業年／1962（昭和37）年
乗降客数／1日20人

北陸トンネル開通とともに誕生

山側の斜面に築かれた2面2線の高架駅。駅のすぐ脇を走る県道はかつての北陸本線の跡だ　（写真／坪内政美）

近代化の流れで生まれた秘境駅

ここは、北陸本線で最も長い13・8㎞を誇る北陸トンネルのすぐ傍にあり、隣の敦賀駅との駅間距離は実に16・6㎞にも及ぶ。路線は近畿・中部地方と北陸地方を結ぶ大幹線のため、特急列車はもちろん、長大編成の貨物列車など、多くの乗客だけでなく物資も昼夜を

すっかり夜も更けしまったこの駅に、やってくるのは虫ばかり

駅の周囲に人家はほとんど存在せず、川のせせらぎと虫の声だけが辺りに響く

問わず頻繁に行き交う。にもかかわらず普通列車しか停まらず、他の列車は猛スピードで駆け抜けて行くだけ。周囲は山深い地で人家は無く、交通量の少ない県道が通じているに過ぎない。

　なぜこのような場所に駅があるのか？　開業は1962年（昭和37）年6月10日。かつての北陸本線は杉津（峠）経由で風光明媚な区間であったが、近代化に伴い長大トンネルで短絡化することとなり、杉津経由の大桐駅の代替駅として路線切り替えと同時に開業した。しかし大桐の集落からも2km ほど離れており、やむなく北陸トンネル出口に設置されたのだ。しかし肝心の集落はもはや限界集落と化している。

初回訪問　2001年8月8日

90位

田《た》井《い》ノ《の》浜《はま》

徳島県
JR牟岐線

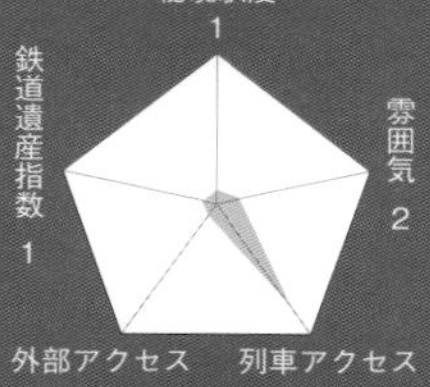

総合評価 20

秘境駅DATA

所在地／徳島県美波町田井
開業年／1964（昭和39）年
乗降客数／休業中

白亜の監視塔が見守る臨時駅

海水浴客のために夏季だけ開かれる臨時駅だ

ひと夏の思い出に浸ってしまう駅

海水浴客のため、夏季だけ開かれる臨時駅。ふだんはすべての列車が通過してしまうが、オンシーズンになると特急列車の一部も停車するようになる。開設は1964（昭和39）年7月。当初より臨時駅として設置されたため、周囲の人家はごくわずか。ホーム

ホームの目の前は海水浴場！　これ以上のアクセスは無い

ここは海水浴シーズン以外停まらない

オフシーズンの海水浴場は誰もいない

線炉端に立つ「田井ノ浜海水浴場」の名標

ホーム脇には白亜の監視塔が建ち、海水浴客の安全を見守っている

の脇には白亜の監視塔が建ち、海水浴客の安全を見守っている。しかし、誰もいないオフシーズンは祭りの後のような寂しさだ。あの賑やかな子供たちの声はどこへいってしまったのか……。無人のホームに佇んでいると、打ち寄せる波音だけが静かに響いてくる。ひと夏の思い出を語るには、あまりに寂しい風景だ。

ひとしきり散策を終え、ホームに上がる。駅名標の左の隣駅は「ゆき（由岐）」、右は「きき（木岐）」。何だか可愛らしい名前に挟まれ、奇妙な取り合わせにほくそ笑む。気が付けばシュールな気分が晴れているのであった。

初回訪問　2009年4月15日

※田井ノ浜駅は2020～2022年は休業。

91位

赤《あか》瀬《せ》

熊本県
JR三角線

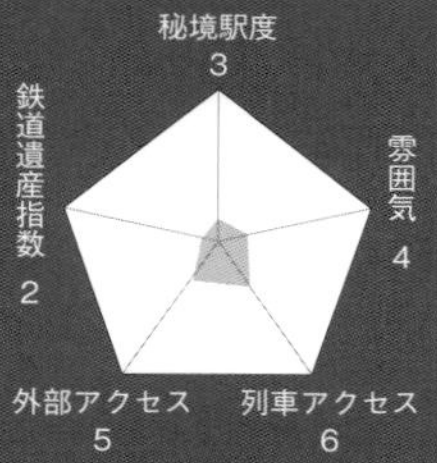

総合評価 20

秘境駅DATA

所在地／熊本県宇土市赤瀬町
開業年／1907（明治40）年
乗降客数／不明

一世紀を越えた歴史をしのぶ

隣駅の石打ダムまではわずか1.4km

南国のゆったりとした時間を味わう駅

有明海へと突き出した宇土《うと》半島の先端へ伸びる三角《みすみ》線。和やかな海岸を眺めながら走る列車はローカル色豊かなものだ。やがて線路は林の中に吸い込まれ、ひっそりとした山間の駅に停まった。大きくカーブしたホームに降り立ち、去りゆく列車を見送る。真っ黒な口

周囲に人家は無く、木々に覆われた秘境駅らしい佇まい

過去に青春18きっぷのキャンペーンのモデル駅に選ばれただけあって旅情をかきたてる駅だ

下り方面には赤瀬トンネルのレンガ積みのポータルが見える

トタンで覆われただけの待合所は夜を過ごすには少し心もとない

を開けたレンガ積みのトンネルが不気味だが、開業が1907（明治40）年という一世紀を越えた歴史をじっくりとしのぶにふさわしく、その空間は旅情をかきたてる雰囲気に満ちあふれる。

ホームから人家は見えないが、狭い急坂をしばらく降りて行くと有明海を望む国道に出た。近くにコンビニもあって車通りも多いが、みな足早に通り過ぎて行くだけ。ひとたび駅に戻ると下界の喧騒をよそにウグイスの鳴き声が響いている。ここには南国のゆったりとした時間が流れていた。恐らく車で訪問していたらこの感覚は味わえなかっただろう。

初回訪問　2000年5月9日

92位

土合《どあい》

群馬県
JR上越線

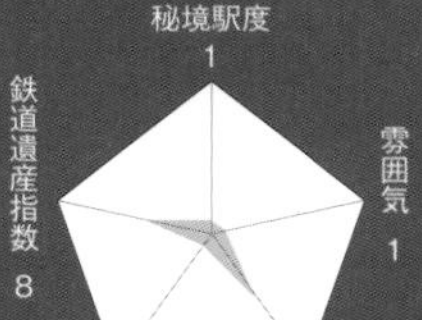

総合評価 20

秘境駅DATA

所在地／群馬県みなかみ町湯檜曽

開業年／1936（昭和11）年

乗降客数／不明

列車を降りた瞬間から登山が始まる

上り線のホームは地上だ。国鉄仕様の駅名標が懐かしい

日本一のモグラ駅は一風変わった秘境駅

　上越線の新清水トンネルの中心付近にある土合駅。標高は584・1mに及ぶが、谷川連峰の直下にあるため、地中の奥深くにホームが設置されている。階段の長さは338m、段数はなんと462段、さらに143mの連絡通路と24段の階段も加わる。この地

地上まで延々と続く階段は、途中にベンチがあって休憩できる

下り線のホーム。やっと辿り付いたホームは薄暗く、ヒンヤリと冷気が漂う

ヒュッテ風の駅舎。締め切りできる待合室がある（2000年撮影）

下ホームは下り線にあり、利用者は谷川岳登山のハイカーがほとんど。登山前のウォーミングアップにのっけから挑むことになるが、地上へたどり着くまでにくたびれてしまう登山者もいるほどだ。

一方、上り線のホームは地上にあり、互いのホームがここまで離れているケースは珍しく、同じ駅とは思えないほどの規模を誇る。ところが、停車する列車は上下5本ずつ。周囲に人家も無いため、登山者だけに限られたような利用形態だ。それでも近年の鉄道ブームに乗じて〝日本一のモグラ駅〟を体験するファンも増えている。首都圏の地下鉄駅とは違うスケールの大きさに驚くだろう。

初回訪問　2000年8月5日

※2000年撮影。

93位

神《かみ》尾《お》

静岡県
大井川鐵道 大井川本線

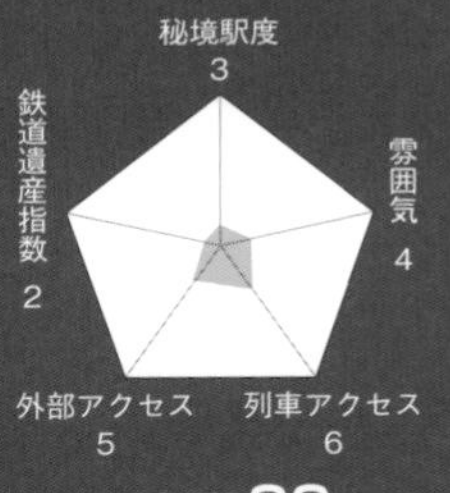

総合評価 **20**

秘境駅DATA

所在地／静岡県島田市神尾
開業年／1928（昭和3）年
乗降客数／1日3人

土砂災害から復活した〝本線〟の秘境駅

駅名標の下には「たぬきの里」の案内が。隣駅の五和は「合格」に改称

狸の置物が出迎える静かな駅

大井川を遡上するように走る大井川鐵道。合格駅（旧五和《ごか》駅）を過ぎる頃から車窓は緑一色になる。ゆっくりとポイントを渡って神尾という小さな駅に停まった。ホームに降りると信楽焼の狸の置物がユニークな表情で出迎える。この辺りは2003（平成15）年の集中

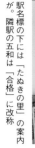

大井川本線に潜む素晴らしい秘境駅

人気の無い無人駅だがたくさんの狸が出迎えてくれた

ホームには２つの踏切を渡ってアクセスする

かつて駅舎として使われていた廃屋が駅入口付近に残っている

懐かしい車両に出合えるのも大井川鐵道の魅力だ

豪雨による崖崩れで大きな被害を受けた場所。駅構内にも大量の土砂が流入し、36体あった狸の置物も5体を残して破損・埋没してしまった。翌年の3月、路線復旧とともに大井川鐵道の社員や住民、鉄道ファンの寄付によってホーム北寄りに移設され「かみおたぬき村」として復活した。

　誰もいない静かなホームだが、彼らのにこやかな笑顔が人の心を和ませる。大井川を見下ろす絶景ポイントだが、最寄りの集落まで1km余り離れており、車道も駅で終わるため実に静かなところ。秘境駅というと井川線ばかり注目されるが、この大井川本線にも素晴らしい駅が隠されている。

初回訪問　２００９年６月18日

94位

毘《び》沙《しゃ》門《もん》

青森県
津軽鉄道

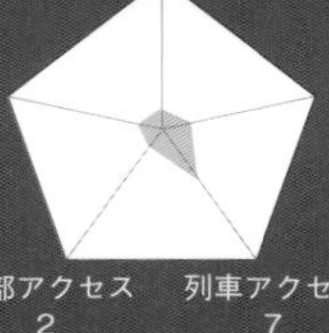

総合評価 19

秘境駅DATA

所在地／青森県五所川原市毘沙門字上熊石
開業年／1931（昭和6）年
乗降客数／1日2人

最北の私鉄ローカル線停留場

日本一かっこいい駅名に選ばれたこともある「毘沙門」。毛筆の駅名標もかっこいい

集落のはずれ
林の中にひっそりと佇む

日本最北の私鉄路線である津軽鉄道。ＪＲ五能線が接続する起点の津軽五所川原駅から、終点の津軽中里駅までわずか20・7㎞のローカル私鉄だが、冬期にストーブ列車が運行されることで知られる。このように観光色を帯びる側面もあるが、林の中にひっそりと

最北のローカル線にふさわしい吹雪に見舞われた毘沙門“停留場”

古びた雰囲気の旧待合室（2012年撮影）

白一色の世界に鮮やかな色の「走れメロス号」がやってきた

一面雪に覆われ、どこまでがホームなのかわからなくなりそうだ

大切な鉄道を守ってくれる鉄道林の案内も

毘沙門という小さな駅が佇む。

開業は1931（昭和6）年で、戦時中の41（昭和16）年に一旦営業休止になるが、55（昭和30）年に復活するという特異な経緯を持つ。駅は1面1線の単式ホームに小さな待合室を備えたもので、周りを防風林で囲まれた自然味豊かな場所にある。近くには小さな集落と介護ケアホームしかないため、同線の中でも一番利用者が少ない。さらに正式な駅ではなく停留場という扱いで、ストーブ列車をはじめ、一部の列車は通過してしまうほど。それだけに寂しさも募るが、逆に駅として純粋な魅力が際立っている。旅先のオアシスとしてぜひ訪れてみたい駅である。

初回訪問　2000年7月21日

95位

居《い》組《ぐみ》

兵庫県
JR山陰本線

鉄道全盛期の栄華を物語る旧駅舎

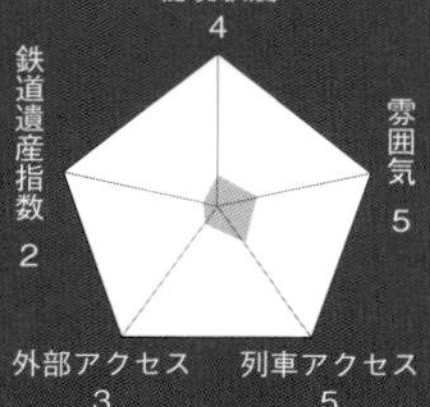

総合評価 19

秘境駅DATA
所在地／兵庫県新温泉町居組字大坂
開業年／1911（明治44）年
乗降客数／1日12人

一世紀に及ぶ歴史ある秘境駅

居組駅は兵庫・鳥取県境の兵庫県側に位置しており、海岸から1kmほど離れた静かな山中に存在する。周囲に見える人家は数軒で、漁港のある集落から細い車道が通じているだけ。こんな地味な駅に似つかわしくないほど立派な瓦屋根の駅舎が建ち、交換設備と側線

瓦葺きの屋根が特徴の風格ある旧駅舎

山深い県境近くにひっそりを佇む居組駅

明治の開業当時から建つ木造の旧駅舎。老朽化のため解体され現在はコンクリート製の待合室が建つのみとなった

海岸からは1kmほど離れていて人気がほとんど無い

幾多の乗客を迎え、そして見送る。この木製の改札口はいつも見守ってきた

駅舎入り口に掲げられた毛筆手書きの駅名板

を擁する構内も広い。駅前にある小さな池を備えた庭園の跡が鉄道全盛期の栄華を物語る。すっかり時代から取り残された様相だが、駅舎の軒下には自転車が数台見えた。少ないながらも乗客がいることがわかり安堵するが、山陰を貫く〝本線〟を名乗るにはいささかの違和感を覚える。

　だが、歴史は今の姿だけを映しているのではない。開業は1911（明治44）年11月10日。当時から建つ木造駅舎は改札口の手すりに付いた傷一つ取っても一世紀に及ぶ時の流れを刻んでいる。誰もいない無人駅でも語りかけてくるものがあるのだ。

初回訪問　2000年8月12日

※2008年撮影。駅舎は2019年に改装。

96位

知《ち》和《わ》

岡山県
JR因美線

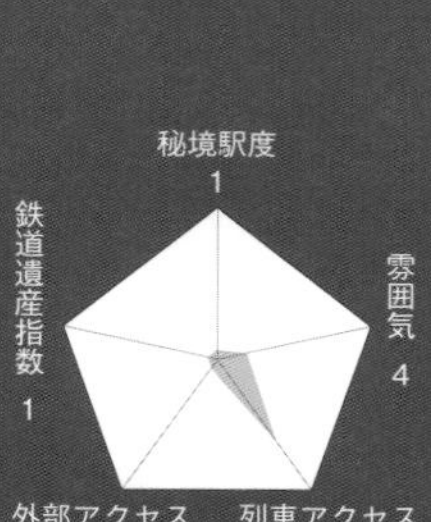

総合評価 19

秘境駅DATA

所在地／岡山県津山市加茂町小渕

開業年／1931（昭和6）年

乗降客数／1日18人

開業当時の駅舎がほぼ手つかずに残る

やってきたのはキハ１２０形の単行気動車。誰も降りず、そして誰も乗らない

駅は歴史の証人
ここに永久の別れがあった

その駅は誰もいない駅前通りから仰ぐと、緑豊かな山の中に凛とした姿で建っていた。周囲には橋げたをつくる大きな工場があるが、人家は数軒ほどの小さな山里である。開業は１９３１（昭和６）年９月12日。当時の木造駅舎が、ほぼ手つかずの状態で残っている。

緑豊かな山の中に凜とした姿で建つ駅

戦時中、出征する若者たちを見送った改札口

明治時代に建てられた木造駅舎が残っている

一つひとつのモノ全てに味わいがあって素晴らしい

近年になり、その佇まいの素晴らしさに多くの人々が訪れ、備え付けの駅ノートにその足跡を残して行くようになった。

私はこの駅舎を恋焦がれるように夢中で撮影していた。そこに84歳になる地元のお婆さんが通りかかり、お話をうかがうことができた。戦時中、駅舎の入り口脇の柱に2本の日章旗が掲げられ、出征してゆく若者を軍歌とともに見送ったのだという。しかし、この駅に生きて戻れた者はどれくらいいただろう。駅には様々な出会いと別れがある。ここに永遠の別れを刻んだ者たちの心は、私たちには決してうかがい知ることはできない。

初回訪問　2001年9月2日

97位

赤《あか》井《い》川《がわ》

北海道
JR函館本線

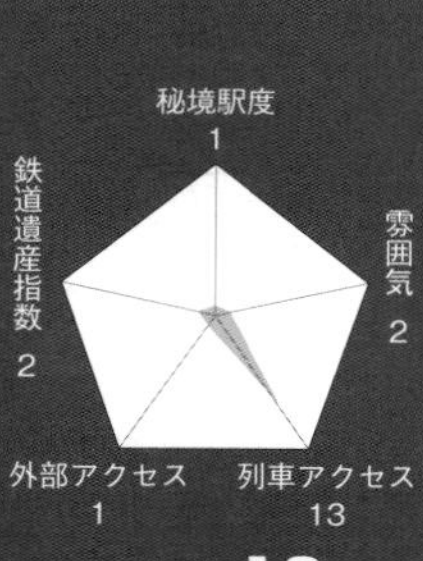

総合評価 19

秘境駅DATA

所在地／北海道森町字赤井川
開業年／1904（明治37）年
乗降客数／不明

一世紀以上「駅」として歴史を刻む

大きな駅だが訪れる人影はなく、かえって寂しさが増す

信号場のような静かな駅に歴史をしのぶ

ここは函館本線のほぼ根元に位置し、景勝地として知られる大沼に近い自然豊かな場所である。しかし、これだけ豊かな観光資源に恵まれながらも、この小さな駅には人気が無い。人家は７〜８軒こそ遠くに見えるが、比較的交通量の多い国道５号線から７００ｍ以

待避線を含んだ駅構内は結構広いがここを訪れる人はほとんどいない

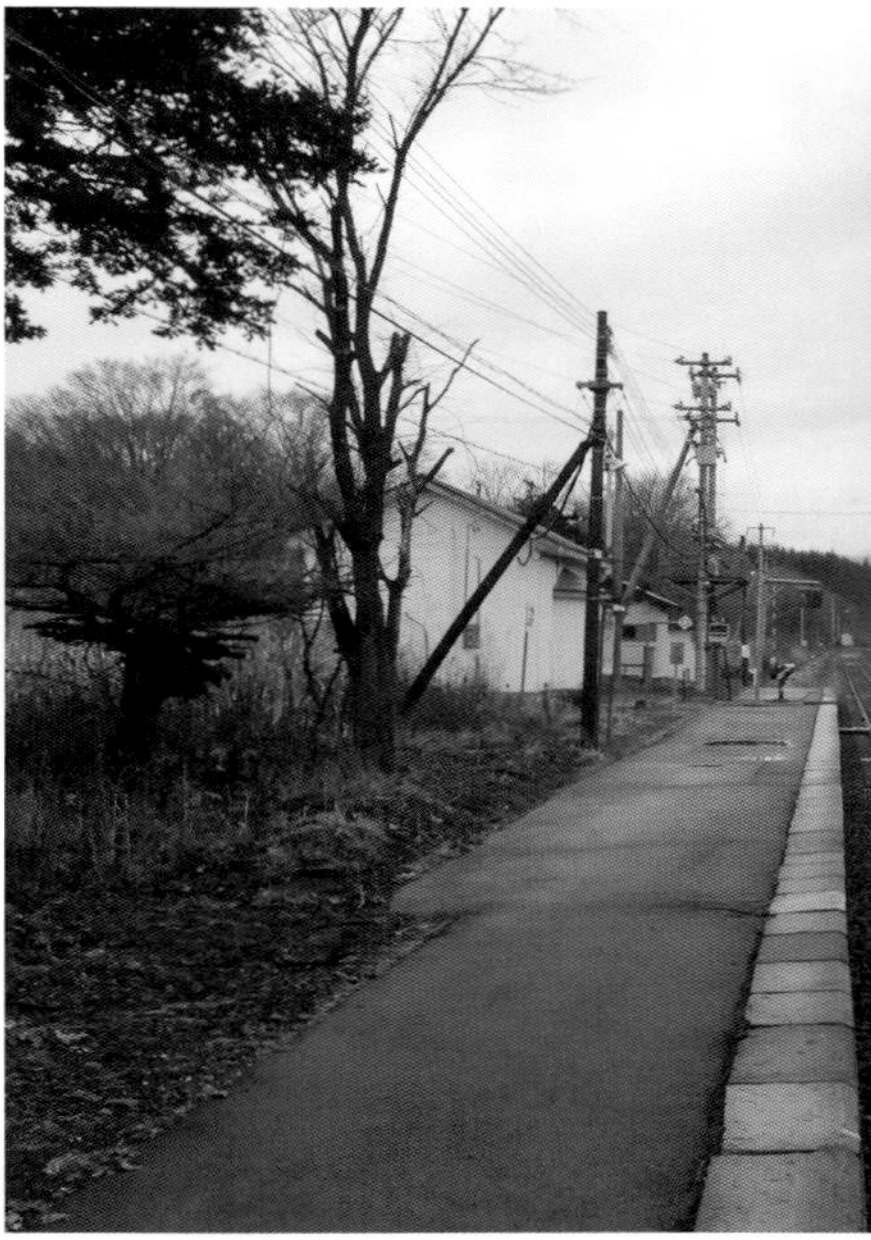

まるで信号場のようにひっそりとした駅

人家は見えるが駅前を通る車の音も無く静か

プラベンチが2列設置された待合室内部

古い駅舎は縮小、リフォームされ待合室として利用されている

上も離れているため、車の音も聞こえてこない。かようなロケーションゆえ利用者は少なく、もっぱら対向する列車との交換と、後からやってくる特急列車などに進路を譲る待避で使われることが多い。

　いわゆる信号場としての性格が強いが、同路線に多い信号場から格上げされたものではなく、1904（明治37）年10月15日に正式な〝駅〟として開業している。歴史の古さに驚くが、さらに当時の駅舎が待合室として改築され、外壁こそ現代的なサイディング貼りになっているが現役で使われている。そんな駅舎が今もゆったりとした時間のなかで一世紀を越える歴史を歩んでいる。

初回訪問　2001年8月13日

98位

新《にい》郷《ざと》

岡山県
JR伯備線

1日1本だけ始発駅として活躍

平日早朝の1本のみ岡山方面の始発駅となる新郷駅

通学用に送迎電車がやってくる贅沢な駅

陰陽連絡のメインルート伯備線にある小さな駅。山深い地域で人家も数軒ほどしかなく、多くの利用者は望めない。2面2線に長めのホームがあり、それぞれ小さな待合室を持つ。内部はつくり付けの長椅子も備えられ、主要な道路も近くを通っていないため、とて

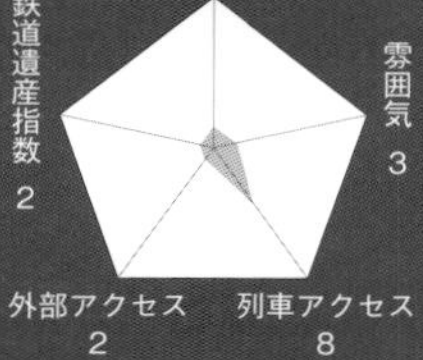

総合評価 18

秘境駅DATA

所在地／岡山県新見市神郷釜村
開業年／1953（昭和28）年
乗降客数／1日10人

集落から離れた山間に、列車交換だけが目的と思われる駅が存在していた

少ないながらも地元学生の通学の足になっている

も閑静な雰囲気である。

駅としての存在意義こそ乏しいが、列車交換など信号場としての役割を持ち、長い編成の貨物列車でも対応可能な長さを誇る。さらに、休日は運休だが早朝6時51分に発車する上り列車の始発駅になっている。摩訶不思議な運用だが少ないながらも地元学生の通学の足になっている。ただし列車を停泊させる引き込み線は無いため、わざわざ新見駅から回送されて来る。何とまあ贅沢な運用だ。数人の学生のために送迎タクシーよろしく2両編成の電車がやって来るのだから、ぜひありがたさを説いてあげたいところ。まあ、恐らく嫌われるに違いないが……。

初回訪問　2000年8月12日

99位

郷《ごう》戸《ど》

福島県
JR只見線

無駄に広いホームは何のために!?

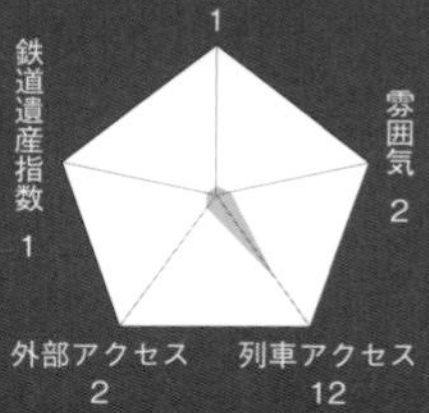

総合評価 18

秘境駅DATA

所在地／福島県柳津町郷戸字百苅丙
開業年／1941（昭和16）年
乗降客数／不明

林に囲まれ神社のように静かな雰囲気

ダム建設で賑わった駅の〝いま〟をたどる

おびただしいほど〝会津○○〟という駅が続く只見線。ここ郷戸駅は頭に〝会津〟こそ付かないが、同線にある何の変哲もない小駅の一つだ。駅は薄暗い林に囲われ、国道からも離れているため閑静な佇まいである。人家は少し離れたところに2～3軒ほど見るが、辺り

何もない駅前広場から石段を登った高台にポツンと置かれた待合室（写真／坪内政美）

石段を登り詰めると、林の中にポツリとカプセル型の待合室が出迎える

集落から離れた駅が闇夜にぽっかりと浮かび上がる

待合室は締め切りが可能だが窓が開かないため、内部はかなり蒸し暑かった

は田圃《たんぼ》と畑しかなかった。一方、駅の入り口は砂利敷きの広場から石段を登った高台に位置している。一見すると山間の狭い立地に建つが、なぜかホームの幅が無意味に思えるほど広い。

　実は昭和20年代、柳津ダムの建設当時はたいそうな賑わいを見せたが、工事が終わると急速に利用者が少なくなったそうだ。現代とは違って道路事情が悪かった当時、多くの人々だけでなく工事資材なども只見線で運ばれたと考えられる。何もないだけで終わってしまいそうな駅だが、無駄に広いホームの意味が解った気がした。このような現実には見えない収穫しかなくても、秘境駅を旅することは奥が深いものだ。

初回訪問　2001年7月20日

100位

会《あい》津《づ》水《みず》沼《ぬま》

福島県
JR只見線

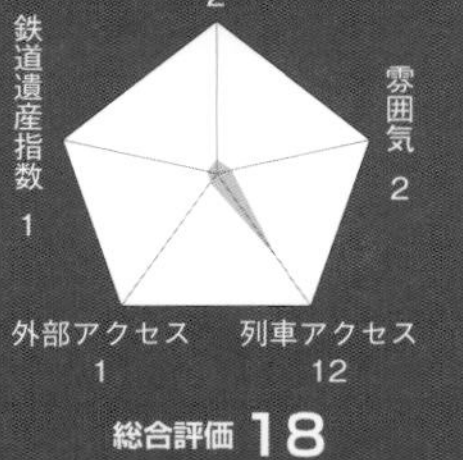

総合評価 18

秘境駅DATA

所在地／福島県金山町水沼字桑畑
開業年／1956（昭和31）年
乗降客数／不明

駅舎とともに水害から復活

味のある書体の手書きの駅名板

台風被害で駅舎が流失した駅

全国のローカル線でもとくにハイレベルな只見線。しかし、2011（平成23）年7月の新潟・福島豪雨災害で会津坂下～小出間が不通になった。その後、区間復旧を重ねるが、会津川口～只見間は不通のままバス代行になっていた。そして、2022（令和4）年10月

雪囲いで覆われた駅舎はホームから少し離れた位置にある（2010年撮影）

只見線らしい杉林の中に佇む1面1線の単式ホーム

駅前の狭い道を100mほど行くと国道252号に出る

達筆な駅名板はすでに消えかけていた

駅舎を線路側から撮影

1日にようやく全線復旧した。

この災害で当駅も駅舎が流出してしまった。人里離れた杉林の中にポツンと佇んでおり、利用者もごくわずかな駅だが、路線と共に、駅舎も以前のものと同じ形状で建て替えられたことは、とても幸運なことであった。ホームは1面1線の単式だが、以前は島式の2線で、さらに貨物用のホームもつくられた。ところが貨物の取扱いの記録は無く、残念ながら無駄になったようだ。周囲にはかように探索すべき物が多いが、この辺りはツキノワグマが頻繁に出没するという。外での行動は十分に注意してほしい。

初回訪問　２０１０年3月30日

Profile

牛山隆信（うしやま・たかのぶ）

秘境駅訪問家。1967年東京生まれ。「秘境駅」という新ジャンルを開拓した第一人者。会社員として勤務するかたわら、これまでに訪れた駅は500以上にのぼる。ホームページ「秘境駅へ行こう！」では、99年から現在までの秘境駅探訪の記録、各年のランキングが綴られている。『秘境駅跡探訪』（自由国民社刊）など、秘境駅にまつわる著者多数。

編集　真柄智充（「旅と鉄道」編集部）
カバーデザイン　安部孝司
本文デザイン　田中麻里（fermata）
図版作成　ジェオ
編集協力　切替智子

追憶の秘境駅訪問記 秘境駅は滅ぶのか!?

2022年12月28日　初版第1刷発行

著　者　牛山隆信
発行人　勝峰富雄
発　行　株式会社天夢人
〒101-0051　東京都千代田区神田神保町1-105
https://www.temjin-g.co.jp/
発　売　株式会社山と溪谷社
〒101-0051　東京都千代田区神田神保町1-105
印刷・製本　大日本印刷株式会社

●内容に関するお問合せ先
「旅と鉄道」編集部　info@temjin-g.co.jp　電話03-6837-4680

●乱丁・落丁に関するお問合せ先
山と溪谷社カスタマーセンター　service@yamakei.co.jp

●書店・取次様からのご注文先
山と溪谷社受注センター　電話048-458-3455　FAX048-421-0513

●書店・取次様からのご注文以外のお問合せ先
eigyo@yamakei.co.jp

・定価はカバーに表示してあります。

Printed in Japan
ISBN978-4-635-82441-5